헤밍웨이 단편소설 선집

부클래식
038

# 헤밍웨이 단편소설 선집

## 어니스트 헤밍웨이

현혜진 옮김

뿌북스

# 차 례

# 프랜시스 매콤버의 짧고 행복한 삶

이제 점심시간이었고, 다들 아무 일 없었던 척 식당 텐트의 초록색 이중 덮개 아래 앉아 있었다.

"라임 주스 아니면, 레몬스쿼시 드시겠소?" 매콤버가 물었다.

"김렛*한 잔 하죠." 로버트 윌슨이 대답했다.

"나도 김렛. 뭔가 마셔야겠어요." 매콤버의 아내가 말했다.

"그래야 할 것 같군." 매콤버도 동의했다. "김렛 세 잔 만들라고 해."

텐트에 그늘을 드리운 나뭇가지 사이로 살랑살랑 바람이 부는 가운데, 식당 급사는 이미 캔버스 재질의 젖은 아이스백에서

---

* 진에 라임 주스를 넣어 진을 묽게 한 칵테일.

술병 몇 개를 꺼내 칵테일을 만들기 시작했다.

"얼마나 줘야 하죠?" 매콤버가 물었다.

"1파운드면 충분할 겁니다." 윌슨이 그에게 귀띔해 주었다. "달라는 대로 줘선 안 돼요."

"감독관이 나눠줄까요?"

"당연하죠."

프랜시스 매콤버는 30분 전 요리사와 잔심부름꾼, 무두질하는 사람과 짐꾼들의 팔과 어깨에 실려 의기양양하게 야영지 끝에서 텐트로 옮겨졌다. 총기 운반인들은 이 행렬에 끼지 않았다. 원주민 소년들이 텐트 입구에 그를 내려놓았을 때, 그는 모두와 악수를 나누고 축하 인사를 받은 후, 텐트 안으로 들어가서 아내가 들어올 때까지 침대에 앉아 있었다. 안으로 들어온 아내가 그에게 입도 뻥긋하지 않자, 그는 바로 텐트를 나와 밖에 있는 휴대용 세면대에서 얼굴과 손을 씻은 다음 식당 텐트 쪽으로 옮겨 산들바람이 불고 그늘 진 안락한 캔버스 천 의자에 앉았다.

"드디어 사자를 잡았네요." 로버트 윌슨이 그에게 말을 걸었다. "그것도 끝내 주는 놈으로 말이죠."

매콤버 부인은 윌슨 쪽을 재빨리 쳐다보았다. 그녀는 아주 멋쟁이였고 자기 관리도 철저한 데다 미모와 사회적 지위까지 겸비한 터라, 오년 전에는 자신이 한 번도 사용해 본 적 없는 화장품의 홍보 및 사진 모델을 해주는 대가로 오천 달러를 받기도 했다. 그녀는 프랜시스 매콤버와 십일 년째 살고 있었다.

"그만하면 괜찮은 사자죠. 안 그래요?" 매콤버가 말했다. 그의 아내는 이제 그를 쳐다보았다. 마치 처음 보기라도 하는 듯 두 남자를 뚫어져라 쳐다보았다.

한 남자, 백인 사냥꾼 윌슨, 생각해 보니 그녀는 그를 제대로 본 적이 한 번도 없었다. 그는 옅은 갈색 머리와 짧고 억센 콧수염에, 아주 붉은 얼굴과 무척 차가워 보이는 파란 눈을 가졌고 웃을 때면 눈가에 희미한 흰색 주름들이 기분 좋게 파이는 보통 키의 남자였다. 윌슨이 이제 그녀를 보며 미소를 짓자, 그녀는 그가 걸치고 있는 헐렁한 튜닉에 비스듬히 기울어져 있는 어깨 쪽으로 시선을 옮겼다. 튜닉의 왼쪽 가슴, 주머니가 있어야 할 곳에 여러 개의 고리가 있었고 커다란 탄약통 네 개가 걸려 있었다. 그 다음 그의 커다란 갈색 손에서 낡은 바지와 아주 더러운 부츠로, 그리고 다시 붉은 얼굴로 돌아왔다. 그녀는 햇볕에 그을린 윌슨 얼굴의 붉은 기가 둥근 흰색 선에서 멈췄다는 것을 알아챘는데, 그 선은 지금 천막 말뚝 기둥에 걸려 있는 그의 스테트슨 모자\*때문에 생긴 것이었다.

"자! 사자를 위해 건배!" 로버트 윌슨이 말했다. 그는 그녀에게 다시 미소를 보냈고 그녀는 웃음기 없는 얼굴로 남편을 신기한 듯 쳐다보았다.

프랜시스 매콤버는 아주 큰 키에 무척 건장한 체격이었고(뼈의 길이가 상관없다면!) 가무잡잡한 피부에, 조정 선수처럼 머리를 짧게 잘랐고 입술은 다소 얇았으며 잘생긴 편이었다. 그는 새

---

\* 흔히 카우보이 모자라고 불리는 형태의 모자.

옷이라는 것만 빼면 윌슨 것과 같은 종류의 사파리 옷을 입고 있었다. 서른다섯 살의 그는 건강관리에 매우 신경을 쓰는 편이었고 코트에서 하는 구기 종목에 능숙했으며 대어 낚시 기록도 여러 개 가지고 있었는데, 방금 자신이 겁쟁이라는 사실을 아주 공개적으로 드러내고 말았다.

"사자를 위해 건배!" 매콤버가 말했다. "당신이 해준 일에 대해 뭐라 감사를 드려야 할지 모르겠소."

그의 아내 마거릿은 남편에게서 시선을 돌려 다시 윌슨을 쳐다보았다.

"사자 얘기는 그만 좀 해요." 그녀가 말했다.

윌슨은 웃음기 없이 그녀를 자세히 쳐다보았고 이제는 그녀가 그에게 미소를 지었다.

"오늘 진짜 이상한 날이네요." 마거릿이 말했다. "한낮에는 캔버스 천 아래에서도 모자를 써야 하는 거 아닌가요? 당신이 그렇게 말했잖아요."

"써도 됩니다." 윌슨이 말했다.

"근데, 얼굴색이 무척 빨가네요. 윌슨 씨." 그녀가 그에게 말하면서 다시 웃었다.

"술 때문이죠." 윌슨이 대답했다.

"그런 것 같진 않은데요." 마거릿이 말했다. "프랜시스도 엄청마시지만 전혀 빨갛지 않거든요."

"오늘은 빨개." 매콤버가 농담을 했다.

"아뇨." 마거릿이 말했다. "오늘은 내 얼굴이 빨개요. 하지만 윌슨 씨는 항상 빨갛잖아요."

"인종이 달라서 그렇겠죠." 윌슨이 대답했다. "저기, 내 미모 얘기는 이제 그만 하시지 그래요?"

"방금 시작했는데."

"그만 합시다." 윌슨이 말했다.

"대화하기가 너무 어렵군요." 마거릿이 말했다.

"마고! 유치하게 굴지 마!" 그녀의 남편이 핀잔을 주었다.

"문제없습니다." 윌슨이 대꾸했다. "끝내 주는 사자를 잡았잖아요."

마거릿은 두 남자를 쳐다보았고 그들 둘은 그녀가 울 거라는 걸 알아챘다. 윌슨은 아까부터 이런 일이 일어날 걸 알고 몹시 염려스러웠다. 매콤버의 경우, 이런 일을 염려하는 단계는 이미 지났다.

"그런 일이 일어나지 않았다면 좋았을 텐데. 아! 그런 일이 일어나지 않았다면." 그녀는 중얼거리면서 텐트로 향했다. 우는 소리는 들리지 않았지만 두 남자는 그녀가 입은 장밋빛 내광성 셔츠 아래 어깨가 들썩이는 것을 볼 수 있었다.

"여자들은 사람을 참 당황스럽게 만든다니까요." 윌슨은 키 큰 남자에게 말했다. "별 일 아닐 거예요. 신경과민에 이런 저런 일로 무리를 해서 그런 거겠죠."

"아뇨." 매콤버가 말했다. "난 이제 남은 평생 이런 대접 받으며 살겠죠."

"쓸데없는 소리. 우리 거인도 한방에 보내는 거 한 잔 합시다."

윌슨이 말했다. "다 잊어 버려요. 어차피 별 일 아니니까."

"노력은 해 보죠." 매콤버가 말했다. "하지만 그쪽이 날 위해 한 일은 잊지 않겠소."

"그럴 거 없어요. 뭘." 윌슨이 대답했다. "다 대수롭지 않은 거예요."

그렇게 그들은 위가 넓게 펼쳐진 아카시아 나무 아래 캠프가 설치된 곳 그늘에 앉았다. 그 나무들 뒤쪽으로는 바위들로 뒤덮인 절벽이 있고 앞쪽에는 커다란 조약돌들이 가득한 강기슭까지 잔디가 쫙 펼쳐져 있었으며 그 너머에 숲이 자리하고 있었다. 두 사람은 아주 시원한 라임 칵테일을 마시며 서로의 눈을 피했다. 일꾼들이 점심 식사를 준비하는 동안, 이제 일꾼들이 그 일에 대해 다 알고 있다는 걸 눈치 챈 윌슨은 매콤버의 몸시중 소년이 식탁에 접시를 놓으면서 제 주인을 호기심 있게 쳐다보고 있는 걸 보고는 스와힐리 어*로 딱 부러지게 말했다. 그 소년은 당황한 표정으로 고개를 돌렸다.

"뭐라고 한 거요?" 매콤버가 물었다.

"별 거 아니에요. 서두르지 않으면 아주 최고급으로 열다섯 개쯤 안겨 줄 거라고 해줬죠."

"그게 뭔데요? 채찍질요?"

"사실 불법이긴 하죠." 윌슨이 말했다. "당신이, 저들에게 벌금을 물리면 돼요."

---

* 동부 아프리카에서 널리 사용되는 공용어.

"당신 아직도 저들에게 채찍질을 합니까?"

"아, 그럼요. 만에 하나 저들이 불평하려고 든다면, 한바탕 소동이 일어날 수 있거든요. 하지만 저들은 그렇게 안 하죠. 벌금보다는 맞는 편을 좋아합니다."

"진짜 희한하네!" 매콤버는 말했다.

"아니, 희한할 것 없어요." 윌슨이 말했다. "당신이라면 어떻게 할 것 같아요? 호되게 매질을 당할래요? 아님 금전적인 손해를 볼래요?"

그때, 윌슨은 그런 것에 대해 물어본 게 멋쩍었는지, 매콤버가 뭐라 대답도 하기 전에 말을 이어갔다. "우리 모두는 매일 깨지면서 사는 거 아니겠어요. 이런 저런 식으로 말이죠."

별로 더 나을 게 없는 말이었다. '야단났네!' 그는 생각했다. '내가 무슨 외교관이라고!'

"그렇죠. 깨지면서 사는 거죠." 매콤버는 여전히 그를 쳐다보지 않으면서 말했다. "사자 일은 정말 미안하게 됐소. 하지만 더 이상 퍼질 일은 없겠죠? 내 말은 그 일이 남의 귀에 들어가는 일은 없어야 한다는 얘깁니다."

"그러니까 내가 그 일을 마사이가 클럽에서 얘기할 거라는 말입니까?" 윌슨은 이제 아주 싸늘한 눈길로 그를 쳐다보았다. 그는 이걸 예상치 못했다. 그러니까 이 인간은 빌어먹을 겁쟁이에다 망할 놈이라니까. 그는 생각했다. 오늘까지는 그래도 꽤 호감이 갔는데. 미국인의 그 속내를 어찌 알겠어?

"안 합니다." 윌슨이 호언장담했다. "난 전문 사냥꾼입니다.

고객에 대해서는 입도 뻥긋 안 해요. 그 점에 대해서는 안심해도 됩니다. 하지만 아무리 그래도 대놓고 말하지 말라고 요구하는 건 예의가 아니죠."

윌슨은 이쯤 해서 떨어져 지내는 편이 훨씬 더 편하겠다고 결정했다. 그러면 혼자 식사하고, 식사하면서 책도 읽을 수 있다. 저들은 저들끼리 식사를 하겠지. 사파리에서는 지극히 격식 차린 태도—프랑스 사람들이 그걸 뭐라고 하더라? 기품 있는 배려—로 그들을 도와주면 되고. 차라리 그 편이 이런 감정적 쓰레기를 경험해야 하는 것보다 훨씬 나을 것이다. 매콤버에게 창피를 주고 깨끗하게 손을 뗄 것이다. 그러면 그는 식사를 하면서 책도 읽을 수 있고, 여전히 그들의 위스키를 마시고 있겠지. 사실 이 말은 사파리 상황이 좋지 않을 때 쓰는 말이다. 다른 백인 사냥꾼을 당신이 우연히 만나 "어떻게 돌아가고 있소?" 라고 물을 때 그가 "아! 아직 그들의 위스키를 마시고 있소."라는 대답이 돌아오면, 모든 게 엉망이라는 소리다.

"미안해요." 매콤버는 이렇게 말하고는, 중년이 되도록 여전히 사춘기 티를 못 벗은 미국인 얼굴로 윌슨을 쳐다보았고, 윌슨은 매콤버의 조정 선수 같은 짧은 머리와 살짝 간사해 보이는 가는 눈매, 잘생긴 코, 얇은 입술, 매력적인 턱을 주시했다. "미처 그런 것은 생각 못했네요. 미안하게 됐소. 내가 모르는 게 많아요."

그럼 도대체 할 수 있는 게 뭐야? 윌슨은 생각했다. 이 관계를 빨리 깨끗하게 청산할 준비를 이미 마쳤는데, 이 작자가 자기에게 모욕을 주고는 바로 사과를 하고 있었다. 그는 한 번 더 시도

했다. "혹시라도 내가 말할까 봐 걱정하진 마쇼." 윌슨이 말했다. "나도 먹고 살아야 하니까. 알다시피 아프리카에는 사자를 못 맞히는 여자도 없고 달아난 백인 남자도 없소."

"난 토끼처럼 튀었죠." 매콤버가 말했다.

나 참, 저렇게 말하는 인간에게 도대체 어떻게 하란 말인가? 윌슨은 의아해 했다.

윌슨은 납작하고 파란, 기관총 사수 같은 눈으로 매콤버를 쳐다보았고 상대방은 그에게 미소로 답했다. 만약 기분이 상했을 때의 그의 눈빛을 알지 못했다면, 유쾌한 미소라 할만 했다.

"물소라면 잘 할 수 있을 것 같은데." 매콤버가 말했다. "다음에는 그 녀석들을 쫓을 거죠. 안 그렇소?"

"원하신다면 아침에." 윌슨이 그에게 말했다. 어쩌면 그가 잘못 짚었는지도 모른다. 이것은 분명 받아들인다는 태도였다. 미국인 속은 빌어먹을 도대체 알 수가 없다니까. 그는 다시 매콤버를 굳게 믿었다. 그날 아침 일에 대해 잊을 수 있다면 말이다. 하지만 물론 잊을 수는 없었다. 그날 아침은 정말 불운한 날이었다.

"저기 마님이 납시는군요." 윌슨이 말했다. 텐트에서 이쪽으로 걸어오고 있는 그녀는 생기가 넘쳤고 유쾌하고 아주 사랑스러워 보였다. 그녀의 얼굴은 아주 완벽한 달걀형이었는데 너무 완벽하다 보니 되레 멍청할 것 같았다. 하지만 그녀는 멍청하지 않아. 윌슨은 생각했다. 아니, 절대 멍청하지 않아.

"매력적인 붉은 얼굴의 윌슨 씨는 어때요? 프랜시스, 내 소중한 사람, 당신 기분은 좀 나아졌어요?"

"응! 훨씬." 매콤버가 말했다.

"난 그 일 전부 잊어버렸어요." 그녀는 식탁에 앉으면서 말했다. "당신이 사자를 죽이는 데 소질이 있든 없든 그게 중요한가요? 당신 일도 아닌데. 그건 윌슨 씨 일이잖아요. 윌슨 씨는 죽이는 데 일가견이 있잖아요. 당신은 뭐든 죽이죠. 그렇지 않나요?"

"그럼요! 뭐든 지요." 윌슨이 말했다. "그야말로 뭐든지." 세상에서 여자들이 제일 매정해. 그는 생각했다. 가장 매정하고 가장 잔인하며 가장 포악하면서도 가장 매력적이지. 여자들이 매정하게 굴기 때문에 여자의 남자들은 기를 못 펴거나 쩔쩔매며 자포자기 상태에 빠지지. 그렇지 않으면 자기들이 다룰 수 있는 남자들을 고르는 건가? 여자들이 결혼할 나이가 되도 그런 건 잘 모를 텐데. 그는 생각했다. 그는 지금까지 미국 여자들에 대한 경험을 고맙게 여겼다. 이 여자는 아주 매력적인 여자였기 때문이다.

"아침에 물소를 잡으러 갈 겁니다." 윌슨이 그녀에게 말했다.

"나도 갈래요." 그녀가 말했다.

"아뇨. 안 됩니다."

"어머! 갈 거예요. 프랜시스! 가면 안 돼요?"

"그냥 캠프에 있는 게 어때?"

"무슨 일이 있어도 갈 거예요." 그녀가 말했다. "무슨 일이 있어도 오늘처럼 뭔가를 놓치는 일은 절대 없을 거예요."

윌슨은 아까 그녀가 울려고 자리를 떠났을 때, 굉장히 멋진 여자라고 생각했었다. 그녀는 남편과 자기 자신 때문에 마음이 아팠고, 실제로 상황이 어떤지 파악하고 이해하고 자각하는 것 같았다. 하지만 그녀는 20분 동안 사라졌다가, 미국 여자의 잔인함이라는 광택제를 온 몸에 바른 채 다시 돌아왔다. 미국 여자들은 아주 끔찍해. 정말 끔찍하기 짝이 없다고.

"내일 당신을 위해 우리가 공연을 한 번 더 하려고 해." 프랜시스 매콤버가 말했다.

"당신은 안 갈 겁니다." 윌슨이 말했다.

"단단히 잘못 생각하셨네요." 그녀가 윌슨에게 말했다. "난 윌슨 씨 공연을 한 번 더 꼭 보고 싶은데요. 오늘 아침에 멋졌거든요. 만약 녀석들의 머리를 날려 버리는 게 멋지다고 말할 수 있다면 말이죠."

"저기 점심이 오네요." 윌슨이 말했다. "아주 즐거우신가 봐요. 안 그래요?"

"왜 아니겠어요? 따분하려고 여기 온 게 아니니까요."

"글쎄, 따분하진 않죠." 윌슨이 말했다. 그는 강물 속 바위들과 그 너머 나무들로 둘러싸인 높은 강기슭을 보면서 그날 아침 일을 떠올렸다.

"그럼요. 따분하긴요." 그녀가 말했다. "멋졌어요. 내일도 그렇겠죠. 내일을 얼마나 기다리는지 모를 걸요."

"이 일런드\* 고기는 프랜시스가 당신에게 바치는 거예요." 윌슨이 말했다.

"토끼처럼 뛰는, 소처럼 덩치 큰 녀석들 말이죠?"

---

\* 아프리카산 대형 영양.

"그럴듯한 표현이네요." 윌슨이 맞장구를 쳤다.

"고기 맛이 아주 끝내 주는데." 매콤버가 말했다.

"프랜시스! 당신이 쐈어요?" 그녀가 물었다.

"응."

"이 녀석들은 위험하지 않죠?"

"덤벼들지만 않는 다면요." 윌슨이 그녀에게 설명했다.

"고마우셔라."

"마고! 심술 좀 그만 부리지?" 매콤버는 일런드 스테이크를 잘라, 아래 부분이 휘어진 포크로 고기 한 점을 찍은 다음 그 위에 으깬 감자와 그레이비*, 당근을 얹으면서 말했다.

"그럴까요?" 그녀가 말했다. "말씀을 하도 예쁘게 하시니 말이죠."

"오늘밤, 사자 잡은 걸 기념해서 샴페인을 마실 겁니다." 윌슨이 말했다. "한낮에는 너무 푹푹 찌니까요."

"맞다! 사자!" 마고가 말했다. "사자를 깜박하고 있었네!"

그러자 로버트 윌슨은 생각했다. 남편을 들었다 놨다 하는군 그래! 아님 멋진 쇼를 보여주려는 그녀의 아이디어라고 생각해야 하나? 남편이 빌어먹을 겁쟁이라는 걸 여자가 알게 되면 여자들은 어떻게 행동해야 할까? 그녀도 지독하게 잔인하지만 여자들 모두 잔인하다. 물론 이런 여자들은 지배하고, 누군가를 지배하려면 때때로 잔인해져야 한다. 그럼에도 나는 이런 여자들의

---

* 고기를 익힐 때 나온 육즙에 밀가루 등을 넣어 만든 소스.

빌어먹을 테러리즘에 넌덜머리가 났다.

"고기 좀 더 드시죠." 윌슨은 그녀에게 친절하게 말을 건넸다.

그날 늦은 오후, 윌슨과 매콤버는 원주민 운전사, 두 명의 총기 운반인들과 함께 자동차를 타고 밖으로 나갔다. 매콤버 부인은 캠프에 머물렀다. 지금은 너무 더워서 못 나가겠고 내일 이른 아침에 그들과 함께 갈 거라고 그녀는 말했다. 그들이 떠날 때, 윌슨은 그녀가 커다란 나무 아래에 서 있는 것을 보았다. 장밋빛이 약간 도는 카키색을 입고 짙은 머리카락을 이마 뒤쪽으로 넘겨 목덜미 아래에서 하나로 묶었는데 그 모습이 아름답다기보다는 오히려 귀여워 보였다. 마치 그녀가 영국에 있기라도 한 듯 얼굴이 생기발랄해 보였다. 자동차가 풀이 높이 자란 무성한 늪지대를 지나 나무들 사이를 돌아 대초원의 작은 언덕으로 갈 때까지 그녀는 그들을 향해 손을 흔들었다.

그들은 대초원에서 임팔라* 무리를 발견했고, 차에서 내려 넓게 퍼진 긴 뿔이 달린 늙은 수컷 영양 한 마리에 몰래 접근했다. 매콤버는 200야드나 떨어진 거리에서 아주 훌륭한 총 솜씨로 녀석을 쓰러뜨렸고 그 소리에 영양떼들은 발을 바싹 끌어당겨 멀리 도약하며 미친 듯이 튀어 올라 서로의 등을 뛰어 넘으면서 도망쳤다. 공중을 떠다닐 정도의 믿을 수 없는 그 도약은 간혹 꿈속에서나 볼 법한 장면이었다.

"정말 훌륭한 사격 솜씨였어요." 윌슨이 말했다. "작은 표적

---

* 큰 뿔이 달린 아프리카산 영양.

이었는데."

"고생한 보람이 있는 놈이요?" 매콤버가 물었다.

"대단한 놈입니다." 윌슨은 그에게 말했다. "그렇게만 쏜다면 아무 문제없을 겁니다."

"우리가 내일 물소를 찾을 수 있을 것 같소?"

"승산 있습니다. 녀석들은 아침 일찍 풀을 먹으려고 나오는데, 운 좋으면 탁 트인 곳에서 녀석들을 잡을 수도 있어요."

"사자 일은 다 청산하고 싶소." 매콤버가 말했다. "자기 아내에게 그런 모습을 보이는 건 그리 유쾌한 일이 아니거든요."

나 같으면 아내가 있든 없든 그런 행동을 한 것이나, 그런 행동을 하고 나서 그것에 대해 이야기하는 것이나 무척 불쾌한 일이었을 텐데. 윌슨은 생각했다. 하지만 그는 이렇게 말했다. "나는 더 이상 그 일에 대해 생각하지 않아요. 누구든 사자를 처음 만나면 정신줄을 놓을 수 있는 거니까요. 그 일은 다 끝난 일입니다."

하지만 그날 밤 프랜시스 매콤버는 저녁 식사 후 잠자리에 들기 전, 모닥불 가에서 위스키소다를 마신 후 모기장을 친 간이침대에 누워 한밤의 소음에 귀를 기울이고 있을 때, 그것은 전혀 끝난 일이 아니었다. 다 끝난 것도 시작한 것도 아니었다. 그 일은 일어났던 그 자리에 그대로 있었고 일부는 지울 수 없을 정도로 각인되어 있기 때문에 그는 지독히도 창피했다. 하지만 수치심보다 자신 안에 있는 울적하면서 공허한 두려움이 더 크게 다가왔다. 한때 자신감으로 채워졌던 그 텅 빈 자리에는 냉정하고 불결한 공허함 같은 두려움이 여전히 자리하고 있었고 그 때문에 매콤버는 속이 매스꺼웠다. 그 두려움은 지금도 여전히 그와 함께 있었다.

두려움은 전날 밤 강 상류 어딘가에서 사자가 포효하는 소리에 잠이 깼을 때부터 시작되었다. 그것은 낮은 소리였고 끝부분에 나는 기침하듯 그르렁거리는 소리 때문에 마치 녀석이 텐트 밖에 있는 것처럼 느껴졌다. 프랜시스 매콤버는 그날 밤 그 소리에 잠에서 깼을 때 두려웠다. 자고 있는 아내의 조용한 숨소리가 들렸다. 두렵다는 말을 들어주거나 그와 함께 두려워할 사람은 주변에 아무도 없었다. 홀로 누워 있던 그는 '아무리 용감한 사람이라도 사자 때문에 세 번은 놀라기 마련이다.'라는 소말리아 속담을 몰랐다. 사자의 발자국을 처음 볼 때, 사자의 포효 소리를 처음 들었을 때, 그리고 사자와 처음 맞닥뜨렸을 때가 바로 그때다. 얼마 후, 해가 뜨기 전 식당 텐트의 꺼진 랜턴 옆에서 아침 식사를 하고 있을 때, 다시 사자가 으르렁대기 시작했고 프랜시스는 녀석이 야영지 변두리에 와 있는 것 같았다.

"늙은 놈 같은데요." 로버트 윌슨은 훈제 청어와 커피를 먹다가 고개를 들며 말했다. "저놈, 기침 소리 좀 들어보세요."

"녀석이 아주 가까이에 있소?"

"강가 위쪽으로 약 1,600미터 정도 떨어져 있을 겁니다."

"녀석을 보게 될까요?"

"한 번 보게 될 겁니다."

"으르렁거리는 소리가 원래 이렇게 멀리까지 들리는 거요? 캠프 바로 앞에 있는 것처럼 들리는데."

"굉장히 멀리까지 들리죠." 로버트 윌슨이 말했다. "소리가 전달되는 방식이 참 신기하죠. 사냥할 만한 고양이였으면 좋겠네요. 애들 말로는 이 근처에 아주 큰 녀석이 있다고 합니다."

"내가 총을 쏜다면 어디를 맞춰야 합니까?" 매콤버가 물었다. "녀석을 끝장내려면 말이죠."

"어깨 쪽이요." 윌슨이 대답했다. "가능하다면, 목 부분도 괜찮아요. 뼈 있는 곳을 쏴요. 녀석을 쓰러뜨려요."

"그 위치를 제대로 찾으면 좋을 텐데." 매콤버가 말했다.

"아주 잘 쏘던데요." 윌슨이 그에게 말했다. "서두르지 말고. 녀석을 확인해요. 공격 중엔 첫 발이 중요합니다."

"사정거리는 어느 정도여야 합니까?"

"알 수 없어요. 그건 사자가 말해 줄 겁니다. 확신이 들 만큼 충분히 가까이 오지 않으면 절대 쏘면 안 됩니다."

"90미터 미만에서요?" 매콤버가 물었다.

윌슨은 재빠르게 그를 쳐다보았다.

"90미터 정도면 적당하죠. 녀석을 사정거리 안으로 좀 더 가까이 오게 해야 할지도 모릅니다. 그보다 더 먼 곳에서 운에 맡긴 채 총을 쏴선 안 돼요. 90미터 정도가 적당한 거리죠. 저기 마님 오시네요."

"잘 잤어요?" 그녀가 말했다. "저 사자를 잡으러 갈 건가요?"

"아침 먹자마자 바로 출발할 겁니다." 윌슨이 말했다. "기분 어떠세요?"

"아주 좋아요." 그녀가 말했다. "흥분돼요."

"다 준비됐는지 가서 보고 올게요." 윌슨이 자리에서 일어났다. 그때 사자가 다시 으르렁거렸다.

"녀석 참 시끄럽게 구네." 윌슨이 말했다. "우리가 저 소리를 끝장내 주자고요."

"프랜시스! 왜 그래요?" 아내가 매콤버에게 물었다.

"아무것도 아니야." 매콤버가 말했다.

"뭐가 아니에요." 그녀가 말했다. "도대체 뭣 때문에 당황하는 거예요?"

"아무것도 아니라니까!" 그가 말했다.

"말해 봐요." 마거릿은 남편을 바라보았다. "컨디션 안 좋아요?"

"저 빌어먹을 으르렁거리는 소리 때문이야." 그가 그제야 실토했다. "밤새 계속 저랬다니까."

"왜 날 깨우지 않았어요?" 그녀가 말했다. "저 소리 듣고 싶었는데."

"저 빌어먹을 녀석을 죽여야 해." 매콤버는 괴로워하며 말했다.

"내 참! 그러려고 여기 온 거잖아요!"

"맞아. 그런데 긴장 돼. 녀석이 으르렁거리는 소리를 들으면 불안해져."

"그러면 자아, 윌슨 씨 말 대로 녀석을 죽여서 으르렁거리지 못하게 해요."

"그래야지." 프랜시스 매콤버가 말했다. "말이야 쉽지. 안 그래?"

"겁나는 건 아니죠?"

"물론, 아니지. 하지만 밤새 녀석의 으르렁거리는 소리를 들었더니 신경이 예민해져서 그래."

"당신은 녀석을 멋지게 끝장낼 거예요." 그녀가 말을 건넸다. "그럴 거라고 믿어요. 그 모습을 무척 보고 싶네요."

"당신 식사 마치면 출발할 거야."

"아직 날이 밝지도 않았는데." 그녀가 말했다. "시간대가 좀 황당하지 않아요?"

바로 그때, 사자가 가슴속 깊은 곳에서 시작되는 신음소리를 토해내다가 마치 대기를 뒤흔들 듯 느닷없이 목구멍에서 심한 진동 소리를 내며 포효하더니 한숨과 흉중의 묵직한 으르렁거림으로 끝을 맺었다.

"녀석이 근처에 있는 것 같아요." 매콤버의 아내가 말했다.

"맙소사!" 매콤버는 기겁을 했다. "저 망할 놈의 소리! 정말 싫어."

"아주 인상적인데요, 뭐."

"인상적이라니. 무시무시하지."

그때, 로버트 윌슨이 짧고 요상하게 생긴, 깜짝 놀랄 정도로 구멍이 큰 505 구경 깁스 엽총을 들고 활짝 웃으며 돌아왔다.

"자아!" 윌슨이 말했다. "매콤버 씨의 스프링필드 총과 장총은 총기 운반인이 갖고 있고요. 차에 다 실었어요. 총알은 갖고 있죠?"

"그렇소."

"나도 준비됐어요." 매콤버 부인이 말했다.

"녀석의 저 소리를 끝장냅시다." 윌슨이 말했다. "당신이 앞에 타요. 마님은 나랑 여기 뒤쪽에 앉을게요."

그들은 자동차에 올라타고 어슴푸레한 새벽 햇살을 받으며 숲을 지나 강 상류로 이동했다. 매콤버는 소총의 약실을 열어 금속을 씌운 총알이 있는지 살펴본 후, 노리쇠를 닫은 다음 소총에 안전장치를 걸어 놓았다. 손이 떨리는 게 보였다. 그는 주머니 속에 있는 여러 개의 탄약통이 느껴졌고 튜닉 앞자락 고리에 걸려 있는 탄약통을 손으로 만지작거렸다. 뒤돌아보니, 문 없는 박스 형태의 자동차 뒷자리에 윌슨과 아내가 함께 앉아 있었고, 둘 다 흥분해서 활짝 웃고 있었다. 윌슨이 앞으로 몸을 구부려 귓속말을 했다.

"새들이 아래로 내려오는 거 보이죠! 그 늙은 녀석이 자기가 사냥한 먹이를 남겨 뒀다는 뜻입니다."

매콤버는 저 멀리 강기슭 나무 위로 독수리들이 선회하다가 아래로 급강하하는 것을 보았다.

"아마 녀석이 이곳 주변으로 물을 먹으러 올 겁니다." 윌슨은 조용히 말했다. "녀석이 숨어 버리기 전에. 주의해서 봐요."

그들은 큼지막한 자갈이 가득한 강바닥까지 깊이 파고 들어간 높은 강기슭 위를 따라 천천히 이동하고 있었고, 그러면서 커다란 나무들 사이를 구불구불 몰고 나아갔다. 매콤버는 반대편 강기슭을 보고 있다가 윌슨이 자기 팔을 잡는 것을 느꼈다. 차가 멈췄다.

"저기에 녀석이 있네요." 그의 소곤거리는 소리가 들렸다. "오른쪽 앞이요. 내려서 녀석을 잡아 와요. 녀석, 물건이네."

매콤버도 이제 사자가 보였다. 녀석은 거의 측면으로 서서 그 큰 머리를 쳐들고는 그들 쪽을 돌아보았다. 그들을 향해 부는 이른 아침의 산들바람에 녀석의 거무스름한 갈기가 살짝 흔들리고 있었다. 어슴푸레한 아침 햇살을 받아 강기슭 위에 비친 사자의 실루엣은 거대해 보였고 튼실한 어깨에, 몸통도 매끈하게 부풀어 있었다.

"얼마나 멀리 있는 거죠?" 매콤버는 소총을 들고 물었다.

"70미터 정도. 내려가서 녀석을 잡아요."

"그냥 여기서 쏘는 건 어때요?"

"차에서 쏘면 안 돼요." 그는 윌슨이 귀에 대고 하는 소리를 들었다. "어서 내려요. 녀석이 하루 종일 저기 있진 않을 테니까."

매콤버는 앞자리 곡선형 문을 통해 발판에 발을 디딘 다음 땅으로 내려갔다. 슈퍼 코뿔소처럼 덩치가 산만한 사자는 자기 눈에 윤곽으로만 보이는 이 물체를 미동도 없이 당당하고 차분하게 바라보고 서 있었다. 사람 냄새가 녀석에게 전해지지 않았고 그 큰 머리를 이리저리 약간씩 움직이며 물체를 지켜보았다. 두려움 없이 그 물체를 바라보면서도, 그런 것을 맞은편에 둔 채, 물을 먹으려고 강기슭을 내려가는 것을 주저했던 녀석은 인간 형체가 그 물체로부터 떨어지는 것을 보자, 거대한 머리를 돌려 숲속 피신처를 향해 빠르게 내달렸다. 바로 그 순간 녀석은 탕하는 찢어지는 듯한 굉음을 들었고 금속 외피를 씌운 약 14그램의

30-06 구경 총알이 세게 부딪치는 것을 느꼈다. 총알은 옆구리를 파고들었고 데일 정도로 뜨거운 구역질이 느닷없이 위장을 통해 비집고 터져 나왔다. 녀석은 불룩한 배에 상처를 입은 채 휘청대면서도, 육중한 큰 발로 나무들을 헤치며 높이 자란 풀들과 숨을 만한 곳을 향해 재빠르게 걸어갔다. 또다시 들리는 굉음이 대기를 갈기갈기 찢으며 녀석을 스치고 지나갔다. 그때 다시 굉음이 들렸고 몸에 충격을 느끼는 순간 총알이 녀석의 아래쪽 갈비뼈를 관통하면서 가죽이 찢어졌고, 별안간 입 안에 거품 섞인 뜨거운 피가 고이기 시작했다. 녀석은 키 큰 풀들이 있는 곳으로 달렸다. 그곳에서 쭈그리고 앉아 있으면 보이지 않을 것이고 그러면 굉음을 내는 물건이 충분히 가까이 오게 되고, 그때 돌진해서 그 물건을 들고 있는 인간을 덮치면 됐다.

매콤버는 차에서 내리면서 사자가 어떤 기분일지 전혀 생각하지 않았다. 그저 제 손이 덜덜 떨리고 있다는 것만 알고 있었고, 차에서 내려 저만치 발걸음을 옮기려 할 때도 도저히 다리를 움직일 수 없을 지경이었다. 허벅지가 뻣뻣하게 경직되었지만, 근육들의 부들부들 떨림은 느낄 수 있었다. 그는 소총을 들고 사자의 머리와 어깨가 이어지는 부분을 겨냥한 채 방아쇠를 당겼다. 손가락이 부러지지 않을까 싶을 정도로 방아쇠를 세게 당겼지만 아무 일도 일어나지 않았다. 그러다가 안전장치를 풀지 않았다는 사실을 깨닫고 안전장치를 풀기 위해 총을 내리면서 경직된 한 걸음을 앞으로 내딛었다. 그의 윤곽이 차의 윤곽에서 멀어지는 움직임을 포착한 사자는 몸을 돌려 빠른 속도로 걷기 시작했다. 매콤버가 총을 쏘자, 총알이 명중했음을 암시하는 픽 하는 소리가 들렸지만 사자는 계속해서 갔다. 매콤버는 또다시 총을 쐈고 총알이 빠른 걸음으로 도망치는 사자 너머로 날아가 먼지바람을 일으키는 것을 일행들은 보았다. 그는 조준 위치를 낮추는 것에 유념하면서 다시 총을 쐈고, 다들 총알이 명중하는 소리를 들었다. 사자는 전속력으로 달려, 그가 노리쇠를 앞으로 밀기도 전에 높이 자란 풀 속으로 사라져 버렸다.

그곳에 서 있던 매콤버는 구토가 나올 것만 같았고, 스프링필드의 공이치기를 계속해서 당기고 있던 손은 덜덜 떨리고 있었다. 그의 아내와 로버트 윌슨은 그 옆에 서 있었고 총기 운반인 두 명도 그 옆에서 와캄바 어로 이야기를 나누고 있었다.

"내가 녀석을 맞혔소." 매콤버가 말했다. "두 번이나 맞혔다고요."

"녀석의 배를 맞혔죠. 앞쪽 어딘가도 맞혔고요." 윌슨은 태연스레 말했다. 총기 운반인들은 심각해 보였다. 그들은 이제 조용해졌다.

"녀석이 죽었을지도 몰라요." 윌슨은 계속 말했다. "녀석을 잡으러 들어가기 전에 잠시 기다릴 필요가 있소."

"무슨 소리요?"

"녀석이 기진맥진해지면 뒤쫓자는 겁니다."

"그렇군요!" 매콤버가 말했다.

"그 녀석, 물건이던데요." 윌슨은 신이 나서 말했다. "하지만 위험한 곳으로 들어가 버렸어요."

"어째서 위험하다는 거죠?"

"그 녀석 근처에 가기 전에는 녀석을 볼 수 없으니까요."

"맙소사!" 매콤버가 기겁을 했다.

"자! 마님은 여기 차 안에 있으면 되고 우리는 핏자국을 살펴보러 갑시다." 윌슨이 말했다.

"여기 있어. 마고." 매콤버는 아내에게 말했다. 그는 입 안이 바싹 말라 말하는 것조차 힘겨웠다.

"왜요?" 그녀가 물었다.

"윌슨이 그러라고 했잖아."

"우리는 상황을 살펴보러 갈 겁니다." 윌슨이 말했다. "부인은 여기 있어요. 여기 있으면 훨씬 더 잘 보일 겁니다."

"알았어요."

윌슨은 운전사에게 스와힐리 어로 말했다. 그는 고개를 끄덕이며 대답했다. "알겠습니다. 브와나(주인님)."

그들 일행은 경사진 강기슭 아래로 내려가서 강을 건너고 바위들을 넘어 반대편 강기슭 위로 올라갔다. 툭 튀어나온 뿌리들 때문에 멈춰서기도 하면서 계속 나아가다가 마침내 매콤버가 처음 총을 쐈을 때 사자가 잰걸음으로 도망쳤던 곳을 찾아냈다. 총기 운반인들이 풀줄기들과 함께 가리킨 짧은 풀 위에 시커먼 피가 묻어 있었고 그 핏자국은 강기슭 나무들 뒤쪽 멀리까지 이어져 있었다.

"이젠 어쩌죠? 매콤버가 물었다.

"선택의 여지가 별로 없군요." 윌슨이 말했다. "차를 이쪽으로 가져올 순 없소. 강기슭이 너무 가팔라서 말이죠. 녀석의 몸이 좀 경직되게 놔뒀다가 당신과 내가 안에 들어가서 녀석을 찾아보자고요."

"초원에 불을 지르면 안 되겠소?" 매콤버가 물었다.

"풀이 너무 싱싱해서."

"몰이꾼들을 보낼 순 없소?"

윌슨은 매콤버를 뜯어보듯 쳐다보았다. "물론 그럴 수도 있겠죠." 윌슨이 대답했다. "하지만 그게 좀 위험해서 말이죠. 알다시피 사자는 상처를 입었어요. 상처 입지 않은 사자라면 모는 게 가능해요. 소리가 나면 그에 앞서 움직일 테니까요. 하지만 상처 입은 사자는 공격할 거란 말입니다. 녀석의 바로 앞까지 가기 전에는 녀석을 볼 수 없죠. 토끼 한 마리도 숨어 있을 거라고는 상상할 수 없는 은신처에 납작 엎드려 있을 테니까요. 상황이 이런데, 그런 곳에 사람들을 보낼 수는 없어요. 누군가 다치게 돼 있거든요."

"그럼, 총기 운반인들은 어떻소?"

"아! 그 사람들은 우리와 함께 갈 겁니다. 그게 그들의 샤우리' 니까요. 알다시피, 그러기로 사인을 했습니다. 하지만 저들도 그리 내켜하는 것 같진 않군요. 그렇죠?"

"난 저 안에 들어가고 싶지 않소." 매콤버가 말했다. 그는 말을 내뱉고서야 자신이 그런 말을 했다는 것을 깨달았다.

---

* shauri: 동아프리카 영어로 결정 사항, 해야 할 일이라는 의미.

"나도 마찬가집니다." 윌슨이 무척 털털하게 말했다. "하지만 사실 선택의 여지가 없소." 그러면서 뒤늦게 떠오른 듯 매콤버를 흘낏 훑어보다가 뜻밖에 그가 얼마나 떨고 있는지, 얼마나 측은한 표정을 짓고 있는지 보게 되었다.

"물론 매콤버씨가 들어갈 필요는 없어요." 윌슨이 말했다. "그것 때문에 내가 고용된 거 아닙니까. 그래서 내가 아주 비싼 거고요."

"당신 혼자서 들어가겠단 말이요? 어째서 녀석을 저기 내버려 두지 않는 거요?"

사자와, 사자가 일으킨 문제에 완전히 빠져 있던 터라, 매콤버에 대해서는 그가 꽤 수다스럽다는 정도 외에는 별 생각이 없었던 로버트 윌슨은 불현듯 호텔에서 엉뚱한 문을 여는 바람에 낯 뜨거운 장면을 봐 버린 그런 느낌이 들었다.

"무슨 말이죠?"

"어째서 녀석을 그냥 놔두지 않느냐고요?"

"녀석이 총에 맞지 않은 척하자는 말씀인가요?"

"아뇨. 그냥 잊어버리자고요."

"안 됩니다."

"왜 안 되죠?"

"우선, 녀석은 분명 고통스러워하고 있을 겁니다. 또 하나는 다른 누군가가 녀석과 우연히 마주칠 수도 있어요."

"알겠소."

"하지만 매콤버 씨는 이 일에 상관할 필요 없습니다."

"나는 상관하고 싶소." 매콤버가 말했다. "그저 겁나는 것뿐이요."

"안에 들어가면 내가 앞장 설 겁니다." 윌슨이 말했다. "콩고니가 핏자국을 따라 갈 거고. 당신은 내 뒤쪽으로, 한쪽 옆에 약간 떨어져서 따라와요. 아마도 녀석이 으르렁거리는 소리를 듣게 될 겁니다. 녀석을 보게 되면 우리 둘 다 총을 쏴야 해요. 아무 걱정하지 마세요. 내가 도와줄 테니까. 사실, 매콤버 씨는 안 가는 게 나을지도 모릅니다. 그 편이 훨씬 나을 것 같은데. 우리가 일 끝내고 올 동안, 당신은 가서 마님과 같이 있는 게 어때요?"

"싫소. 나도 가고 싶소."

"좋습니다." 윌슨이 말했다. "하지만 원치 않으면 안에는 들어가지 마세요. 그러니까 이제 이건 내 샤우리입니다."

"가고 싶소." 매콤버가 말했다.

두 사람은 나무 아래에 앉아 담배를 피웠다.

"기다리는 동안, 마님한테 가서 얘기 좀 하고 오지 않겠소?" 윌슨이 물었다.

"아니오."

"그럼 내가 가서 부인에게 좀 기다려야 할 거라고 말하고 오겠소."

"그래요." 매콤버가 말했다. 그는 팔 아래로 땀이 흘러내렸고 입은 바싹 마른 상태로 그곳에 앉아 있었다. 속이 텅 빈 것 같았다. 그는 윌슨에게 자기는 빼고, 가서 사자를 없애 버리고 오라고 말할 용기를 내고 싶었다. 매콤버는 윌슨이 몹시 화가 나 있다는 사실을 몰랐다. 좀 더 일찍 그의 상태를 인지하고 그를 아내에게 돌려보내지 못했기 때문이다. 매콤버가 그곳에 앉아 있는데 윌슨이 다가왔다. "당신의 장총이 나한테 있소." 윌슨이 말했다. "가져가요. 이 정도면 녀석에게 시간은 충분히 준 것 같소. 서두릅시다."

매콤버가 장총을 잡자 윌슨이 말했다.

"오른쪽으로 5미터 정도 떨어져서 날 따라오다가 내가 시키는 대로 해요." 그런 다음 윌슨은 침울한 표정을 짓고 있는 두 명의 총기 운반인들에게 스와힐리 어로 말했다.

"갑시다." 그가 말했다.

"물 좀 마실 수 있겠소?" 매콤버가 물었다. 윌슨은 벨트에 휴대용 물통을 차고 있던 나이든 총기 운반인에게 뭐라 말했고, 그 남자는 벨트를 풀어 물통을 꺼내더니 뚜껑을 열어 매콤버에게 건넸다. 매콤버는 물통이 매우 무겁게 느껴졌고 손에서 느껴지는 커버 감촉이 거칠고 조잡하다고 생각하면서 물통을 받았다. 그는 물통을 들어 마시면서 높이 자란 풀들과 그 뒤쪽으로 펼쳐진 우듬지가 납작한 나무들을 바라보았다. 그들 쪽으로 산들바람이 불었고 바람결에 풀들이 살랑살랑 흔들렸다. 매콤버는 그 총기 운반인을 쳐다보았고 그 역시 두려움에 괴로워하고 있다는 것을 알 수 있었다.

풀밭 안으로 32미터 정도 들어간 곳에 커다란 사자가 땅에 납작하게 엎드려 있었다. 녀석의 귀는 뒤로 젖혀져 있었고 움직인다고 해 봤자 검은 털이 촘촘한 긴 꼬리를 위 아래로 약간씩 움직이는 정도였다. 녀석은 이 은신처에 도착하자마자 더 이상 움직일 수 없었고, 불룩한 배 전체에 상처를 입어서 괴로운 상태였다. 폐 부분에 난 상처 때문에 기진맥진해 있었고 숨을 쉴 때마다 입에서 거품 섞인 묽은 피가 흘러나왔다. 옆구리는 축축한데다 뜨겁게 달아올라 있었으며, 금속을 씌운 총알들이 녀석의 황갈색 가죽에 만들어 놓은 작은 구멍 위로 파리들이 꼬였다. 증오심에 눈살이 잔뜩 찌푸려진, 녀석의 커다란 노란 눈은 정면을 노려보고 있는 듯했고 숨을 쉬다가 통증이 몰려와도 그저 눈만 껌벅거릴 뿐이었다. 발톱들은 햇볕에 타서 말라 버린 부드러운 흙 속에 박혀 있었다. 고통과 아픔, 증오 같은 자기의 모든 것, 그리고 남아 있는 모든 힘을 최대한 짜내서 덤벼드는 데에 완전히 집중하고 있었다. 사람들의 말소리가 들렸지만, 그들이 풀밭 안으로 들어오자마자 돌격할 준비에 자신의 모든 것을 쏟아 부으며 기다렸다. 사람 소리가 들리자, 위 아래로 꿈적이던 녀석의 꼬리가 경직되었고, 사람들이 풀밭 가장자리로 들어오자 녀석은 기침을 하듯 그르렁거리는 소리를 내면서 돌격했다.

나이든 총기 운반인 콩고니는 선두에서 핏자국을 살폈고, 월슨은 풀밭의 모든 움직임을 예의주시하면서 장총을 쏠 준비를 하고 있었다. 또 다른 총기 운반인은 앞쪽을 주시하면서 월슨 옆에 있는 매콤버가 소총의 공이치기를 당기는 소리를 들었다. 그들이 풀밭 안으로 막 들어서는 순간, 매콤버는 피 때문에 숨통이 막혀 기침하듯 그르렁거리는 소리를 들었고 풀밭 쪽에서 휙 소리를 내며 빠르게 움직이는 모습을 보았다. 그런데 어느 틈엔가 그는 뛰고 있었다. 미친 듯이, 다들 보는 데서 허둥지둥, 강을 향해 도망치고 있었다.

그는 윌슨의 장총에서 뿜어져 나오는 "카-라-앙!" 소리를, 또다시 두 번째 카라앙! 하는 굉음을 들었다. 그래서 사자를 보려고 돌아봤더니 녀석 머리의 반이 날아가 버린 듯 이제는 섬뜩한 모습이었고 높이 자란 풀들 가장자리에 있는 윌슨을 향해 기어가고 있었다. 얼굴이 붉게 그을린 윌슨이 볼품없는 짧은 소총의 노리쇠를 만지며 신중하게 조준하자, 총구에서 한 번 더 폭발적인 카라앙! 소리가 터져 나왔다. 엉금엉금 기던 사자의 육중한 노란색 몸통은 그대로 굳어버렸고 훼손된 커다란 머리는 미끄러지듯 앞으로 꼬꾸라졌다. 장전된 소총을 들고 도망가다가 홀로 벌판에 서 있던 매콤버는 흑인 두 명과 백인 한 명이 경멸스럽다는 듯 그를 쳐다보자, 사자가 죽었다는 사실을 알게 되었다. 매콤버가 윌슨에게 다가가자, 그의 큰 키는 노골적으로 비난하는 것처럼 보였다. 윌슨은 매콤버를 쳐다보며 말했다.

"사진 찍을래요?"

"됐습니다." 매콤버가 말했다.

그들이 자동차에 도착할 때까지 나눈 대화는 그게 다였다. 그러고 나서 윌슨은 말했다.

"끝내 주게 멋진 사자죠. 사람들이 녀석의 껍질을 벗길 겁니다. 우리는 여기 그늘에 있는 게 좋겠소."

매콤버의 아내도 그를 본체만체 했고 그 역시 아내를 보지 않았다. 그는 뒷자리에 있는 아내 옆에 앉았고 윌슨은 앞자리에 앉았다. 매콤버는 아내를 쳐다보지 않은 채 한 차례 아내에게 손을 뻗어 그녀의 손을 잡았지만 그녀는 남편에게서 손을 뺐다. 매콤버는 강 건너 총기 운반인들이 사자 가죽을 벗기고 있는 곳을 바라보다가, 아내가 그 모든 상황을 봤다는 사실을 깨달았다. 그들이 그곳에 앉아 있는 동안 매콤버의 아내는 앞쪽으로 몸을 기울이더니 윌슨의 어깨에 손을 올렸다. 윌슨이 돌아보자, 그녀는 낮은 의자 너머로 몸을 구부리더니 그의 입에 키스를 했다.

"이런! 저기요." 윌슨은 평소 그을린 얼굴색보다 더 빨개져서는 이렇게 말했다.

"로버트 윌슨 씨!" 그녀가 말했다. "멋진 붉은 얼굴의 로버트 윌슨 씨!"

그러더니 그녀는 다시 매콤버 옆에 앉아서는 강가 쪽으로 얼굴을 돌렸다. 그곳에서 흑인들이 가죽에 붙은 살을 발라내는 동안, 사자는 흰 근육에 힘줄 표시가 선명한 털 없는 앞다리를 위로 쳐들고 잔뜩 부풀어 있는 허연 배를 드러낸 채 널브러져 있었다. 마침내 총기 운반인들은 축축하고 무거운 사자 가죽을 들어 올려, 차에 타기 전에 돌돌 말아 들고는 뒷자리에 올라타더니 자동차를 출발시켰다. 캠프로 돌아올 때까지 누구도 더 이상 말이 없었다.

여기까지가 사자에 관한 이야기다. 매콤버는 사자가 돌진하기 전에 어떤 심정이었는지, 2톤의 포구 속도를 지닌 505 구경의 상상할 수 없는 충격이 녀석의 주둥이를 강타했을 때는 또 어떤 기분이었을지, 그리고 그 후 두 번째 찢어질 듯한 굉음이 녀석의 뒷다리와 엉덩이를 가격하고 자기를 파멸시킨 무시무시한 폭발성 물체를 향해 기어갈 때, 뭣 때문에 녀석은 그렇게 계속 기어갔던 것인지 알 수 없었다. 윌슨은 그것에 대해 뭔가 알고 있었지만 그저 이렇게 말할 뿐이었다. "녀석, 물건이네요." 매콤버는 윌슨이 그 상황에 대해 어떻게 생각했는지 역시 알지 못했다. 아내의 심정도 몰랐다. 그녀가 자신과의 관계를 정리했다는 것 말고는.

매콤버의 아내는 전에도 그와 끝낸 적이 있었지만 오래간 적은 없었다. 그는 갑부였고 앞으로도 더 부자가 될 것이기 때문에, 이제 그녀는 자기를 절대 떠날 수 없을 거라 자신했다. 이것은 바로 그가 확실하게 알고 있는 몇 가지 중 하나였다. 매콤버는 그것, 그러니까 오토바이(가장 첫 번째로 터득했던 것)에 대해, 자동차에 대해, 오리 사냥에 대해, 송어나 연어 낚시, 바다낚시에 대해, 책들, 많은 책들, 아주 많은 책에 나오는 섹스에 대해, 각종 코트 경기에 대해, 말은 별로지만 개에 대해, 돈을 움켜쥐는 방법에 대해 일가견이 있었고 그 외에 그의 세계에서 취급하는 또 다른 것들 대부분에 대해, 그리고 아내가 자기를 떠나지 않을 거라는 것에 대해서는 잘 알고 있었다. 매콤버의 아내는 대단한 미인으로 아프리카에서도 여전히 알아주는 미인이었지만, 고향에서는 이제 더 이상 매콤버를 떠나서도 잘 살 수 있을 만큼 아주 출중한 미인은 아니었다. 그녀는 그것을 알고 있었고 그도 알고 있었다. 그녀는 그를 떠날 기회를 놓쳤고 그도 그것을 알고 있었다. 만일 그가 여자들과 지금보다 더 잘 어울려 다녔다면, 그녀는 아마 그가 아름다운 새 부인을 하나 더 들일까 봐 걱정했을지도 모른다. 하지만 그녀 역시 그에 대해 아주 많은 것을 알고 있었기 때문에 그에 대해 걱정하지 않았다. 게다가 그는 늘 무척 관대한 사람이었는데, 아주 음흉한 속셈이 아니라면 그것은 그의 가장 멋진 점인 것 같았다.

대체로 그들은 비교적 행복한 결혼 생활을 하는 부부로 알려져 있었는데, 이런 부부들의 경우 파탄에 대한 소문은 종종 있지만 실제로 그런 적은 없다. 그리고 어느 사교계 칼럼니스트에 따르면, 그들은 남들의 부러움을 사는 사파리에서의 영원한 로맨스에 모험이라는 양념 그 이상의 것을 더하고 있었다. 사실 마틴 존슨 부부가 수많은 영화에서 사자 올드 심바와 물소, 코끼리 템보를 뒤쫓고 자연사 박물관에 전시할 표본도 수집하면서 이곳을 조명하기 전까지 사파리는 그저 '가장 암울한 아프리카'라고 알려졌었다. 바로 그 칼럼니스트는 과거에 그들이 적어도 세 번은 '파경 직전까지' 간 적이 있었다고 보도했고 실제로도 그랬었다. 하지만 그들은 늘 화해했다. 그들에게는 합쳐야 할 명백한 이유가 있었다. 매콤버에게 마고는 너무나 아름다운 사람이라 그녀와 이혼할 수 없었고 마고에게 매콤버는 돈이 무지 많은 사람이라 그를 떠날 수 없었다.

새벽 3시쯤, 프랜시스 매콤버는 사자 생각은 접어 두고 잠시 잠이 들었다 깼다. 그러다가 다시 잠이 들었는데, 머리에서 피를 흘리는 사자가 자기를 옆에서 지켜보고 있는 꿈에 기겁을 하며 벌떡 잠에서 깼다. 심장 뛰는 소리를 듣고 있던 그는 아내가 텐트의 반대편 간이침대에 없다는 걸 알아챘다. 그는 두 시간 동안 그 생각에 잠들지 못한 채 누워 있었다.

네 시로 접어들 무렵, 아내가 텐트 안으로 들어와 모기장을 들어 올리더니 침대 속으로 살며시 기어들어 갔다.

"어디 갔었어?" 매콤버는 어둠 속에서 물었다.

"어머나!" 그녀가 깜짝 놀랐다. "깼어요?"

"어디 갔었냐고?"

"바람 쐬러 밖에 나갔다 왔어요."

"픽도 그러셨겠어."

"그럼 내가 무슨 말을 하길 원해요?"

"어디 갔었냐고?"

"바람 쐬러 밖에 나갔다 왔다니까요."

"그 짓을 일컫는 신조어가 생겼구먼. 암캐 같으니라고."

"그럼, 당신은 겁쟁이겠지요."

"그래." 그가 울컥했다. "그게 뭐?"

"나랑은 아무 상관없어요. 아무튼 여보, 제발 얘기 좀 그만해요. 나 졸려 죽겠어요."

"내가 다 받아들일 거라 생각하는가 본데."

"그럴 거잖아요. 당신은."

"글쎄, 아닐 걸."

"제발, 여보. 얘기 그만. 나 진짜 졸려요."

"그런 일은 없어야 하잖아. 그럴 일 없을 거라고 약속했잖아."

"이를 어째! 이제 생겨 버렸네." 그녀가 애교 섞인 말투로 말했다.

"우리가 이 여행을 한다면 그런 일은 절대 없을 거라고 말했잖아. 당신 약속했잖아."

"그래요, 여보. 그러려고 했어요. 하지만 어제부터 여행은 엉망이 돼 버렸어요. 그 얘기는 할 필요가 없겠죠?"

"당신이 유리할 때는 오래 기다려 주지 않는군. 그렇지?"

"여보! 제발 그만 얘기해요. 졸려 죽겠다고요."

"난 해야겠어."

"그럼, 좋으실 대로. 난 잘 테니까." 그리고 그녀는 잠이 들었다.

해가 뜨기 전, 아침 식사 때 식탁에는 모두 세 명이 있었는데, 프랜시스 매콤버는 자신이 싫어하는 수많은 사람들 중 로버트 윌슨이 가장 싫다는 것을 깨달았다.

"푹 주무셨소?" 윌슨은 파이프를 채우면서 쉰 목소리로 물었다.

"당신은?"

"잘 잤죠." 백인 사냥꾼이 그에게 말했다.

이 나쁜 자식! 매콤버는 생각했다. 이 건방진 후레자식.

그러니까 그녀가 들어가다가 그를 깨웠군. 윌슨은 단호하면서 차가운 시선으로 그들 두 사람을 보며 생각했다. 내 참, 어째서 마누라 건사도 제대로 못하냐고? 날 어떻게 생각하는 거야? 빌어먹을 무슨 성인군자라도 되는 줄 아나? 마누라 건사는 지가 알아서 해야지. 저 자식 잘못이라고.

"물소를 찾을 수 있을 것 같아요?" 마고는 살구 접시를 밀면서 물었다.

"아마 그럴 걸요." 윌슨은 그녀에게 미소를 지으며 말했다. "그냥 캠프에 있는 게 어때요?"

"무슨 일이 있어도 갈 거예요." 그녀가 윌슨에게 말했다.

"어째서 부인에게 캠프에 있으라고 지시하지 않는 거죠?" 윌슨이 매콤버에게 물었다.

"그쪽이 지시하시지." 매콤버가 차갑게 말했다.

"아무 지시도 하지 마요." 마고는 매콤버를 돌아보며 꽤 즐거운 듯 말했다. "바보짓도 하지 말고요. 프랜시스!"

"출발 준비는 됐소?" 매콤버가 물었다.

"언제든." 윌슨이 그에게 말했다. "마님도 가길 바라나요?"

"내가 원하든 말든 그게 무슨 상관이 있겠소?"

이런 젠장! 로버트 윌슨은 생각했다. 미치겠네! 결국 이런 식으로 돌아가는군. 내 참! 결국 이런 식이야.

"아무 상관이 없겠죠." 윌슨이 대꾸했다.

"혹시 당신은 내 아내랑 캠프에 있고 나한테는 나가서 물소나 사냥하라고 할 생각은 아니겠죠?" 매콤버가 물었다.

"그럴 리가 있어요!" 윌슨이 말했다. "내가 당신이라면 그런 말 같잖은 소리는 하지도 않을 겁니다."

"말 같잖은 소리가 아니잖아. 정말 역겨워."

"말이 심하군요. 역겹다니요!"

"프랜시스, 제발 생각 좀 하면서 말해요." 매콤버의 아내가 말했다.

"염병할, 엄청 생각하고 얘기하는 거거든." 매콤버가 말했다. "당신은 이런 불결한 음식 먹어 본 적 있어?"

"음식에 무슨 문제라도?" 윌슨이 조용히 물었다.

"다른 것도 다 마찬가지요."

"나라면 좀 자제할 텐데요. 겁쟁이 양반!" 윌슨은 아주 조용히 말했다. "식탁에서 시중드는 하인 한 명이 영어를 좀 알아듣는단 말이오."

"빌어먹을!"

윌슨은 일어서서 담배를 뻐끔거리며 저쪽으로 가더니, 자신을 기다리고 서 있는 총기 운반인 중 한 명에게 스와힐리 어로 몇 마디 건넸다. 매콤버와 그의 아내는 식탁에 앉아 있었다. 그는 커피 잔을 뚫어져라 쳐다보고 있었다.

"여보! 계속 소란 피우면 떠나 버릴 거예요." 마고가 조용히 말했다.

"아니! 당신은 못 그럴걸."

"그럼 한 번 두고 봐요."

"당신은 절대 날 못 떠나."

"그래요." 그녀가 말했다. "안 떠날게요. 그러니까 얌전히 좀 굴어요."

"얌전히 좀 굴라고? 그런 식으로 말한단 말이지. 얌전히 좀 굴어라!"

"네. 얌전히 좀 굴라고요."

"당신이나 얌전하게 굴지 그래?"

"난 아주 오랫동안 그래 왔어요. 무척 오랫동안 말이죠."

"얼굴 시뻘건 저 새끼가 싫어." 매콤버는 신경질을 냈다. "꼴도 보기 싫다고."

"사람 아주 괜찮던데요."

"닥쳐!" 매콤버는 하마터면 소리를 지를 뻔했다. 바로 그때, 차가 다가오더니 식당 텐트 앞에 정차했고 운전사와 총기 운반인 두 사람이 차에서 내렸다. 윌슨은 이쪽으로 걸어오면서 이쪽 식탁에 앉아 있는 부부를 쳐다보았다.

"사냥하러 갈 거요?" 윌슨이 물었다.

"그렇소." 매콤버는 일어서며 말했다. "갈 거요."

"모직 옷을 가져가는 게 좋을 겁니다. 차 안이 추울 테니까." 윌슨이 말했다.

"난 가죽 재킷을 가져갈게요." 마고가 말했다.

"하인한테 있어요." 윌슨이 그녀에게 말했다. 그는 운전사와 함께 앞자리에 탔고 프랜시스 매콤버와 그의 아내는 아무 말 없이 뒷자리에 앉았다.

저 머저리 같은 녀석이 갑자기 내 뒤통수를 날려 버릴 생각을 하지 않기만을…… 윌슨은 생각했다. 여자들이란 사파리에선 골칫거리라니까.

어슴푸레한 빛 속에서 자동차는 자갈로 덮인 여울을 뭉개며 강을 건넜고 가파른 강기슭을 향해 올라갔다. 그곳에 윌슨이 전날 삽으로 길을 만들라고 지시한 덕분에 일행은 건너편의 나무가 울창하고 경사가 완만한 공원 같은 지대에 다다를 수 있었다.

상쾌한 아침이군, 윌슨은 생각했다. 이슬이 잔뜩 맺혀 있었고 차바퀴가 풀이나 낮은 덤불을 지나갈 때 짓이겨진 잎에서 나는 냄새가 코끝을 스쳤다. 마치 버베나* 냄새 같았고, 차를 타고 사람의 발길이 미치지 않은 공원 같은 지역을 지나는 동안 이런 이른 아침에 진동하는 이슬 냄새, 짓이겨진 고사리, 이른 아침 안개 사이로 검게 보이는 나무줄기들의 모습이 좋았다. 어느 새 그는 뒷자리의 두 사람에 대해서는 까맣게 잊은 채 물소에 대해 생각하고 있었다. 그가 추적하는 물소라는 녀석들은 낮이면 음침한 늪지대에서 지내며 그런 곳에서 사냥을 하기란 불가능하지만 밤이 되면 먹이를 찾아 넓게 탁 트인 지역으로 나온다. 만약 차를 몰아 물소와 늪지대 사이에 갈 수 있다면, 탁 트인 곳에서 매콤버는 녀석들을 잡을 가능성이 높았다. 윌슨은 울창한 숲속에서 매콤버와 함께 물소를 사냥하고 싶지 않았다. 그는 매콤버와 함께라면 그게 물소든, 뭐든 사냥을 하고 싶은 생각이 추호도 없었지만, 그는 직업 사냥꾼이었고 젊었을 때는 별난 사람들과 사냥을 해 본 적도 많았다. 만약 오늘 물소를 잡는다면, 코뿔소만 남게 되는 셈이고, 불쌍한 저자도 위험한 게임을 견디어 내는 것이니, 아마 상황이 나아질 거다. 윌슨은 여자에 대해 더는 상관하지 않을 것이고 매콤버 역시 그 일을 이겨낼 것이다. 상황을 보아하니, 매콤버는 전에도 이런 경험이 분명 많았을 것이다. 불쌍한 자식!

---

* 마편초과의 화초.

그러니 그걸 이겨내는 방법도 알고 있겠지. 아무튼 그건 저 불쌍한 자식이 자초한 염병할 잘못이니까.

로버트 윌슨, 그는 혹시나 얻게 될지도 모를 뜻밖의 횡재에 부응하기 위해 사파리 여행을 할 때마다 2인용 간이침대를 싣고 다녔다. 예전에는 특정 고객들, 그러니까 무모하고 모험적인 다국적 무리들과 사냥을 한 적이 많았는데, 그 무리의 여자들은 백인 사냥꾼과 간이침대를 함께 사용하지 않으면 본전을 뽑지 못한 걸로 여기는 족속들이었다. 물론 그 당시에 여자들 중 몇 명이 제법 마음에 들긴 했어도, 일단 헤어지면 그들을 경멸했다. 하지만 그런 사람들 덕분에 생계를 유지할 수 있었고 그들이 그를 고용하는 한, 그들의 기준이 바로 그의 기준이었다.

사냥을 제외한 모든 면에서 그들은 바로 윌슨의 기준이었다. 윌슨은 사냥에 있어서 나름 자신만의 기준이 있었고 그들은 그의 기준에 따르거나 아니면 자신들의 기준을 추구할 만한 다른 누군가를 찾으면 됐다. 이 때문에 다들 자신을 존경한다는 걸 그역시 알고 있었다. 하지만 이 매콤버라는 작자는 알다가도 모를 사람이었다. 그가 이상한 사람이 아니라면 내 성을 갈겠다. 그리고 이제 그 마누라. 그래, 그 마누라. 맞아, 그 마누라. 음! 그 마누라. 그는 그 모든 생각을 그만 두었다. 윌슨은 두 사람을 살펴보았다. 매콤버는 불쾌하고 화가 난 표정으로 앉아 있었다. 마고는 그에게 미소를 보였다. 그녀는 오늘 따라 더 젊어 보였고 더 순수하고 상큼해 보였다. 창녀에게서 느껴지는 그런 아름다움은 아니었다. 그녀가 무슨 생각을 하는지는 신만이 알 거라고 윌슨은 생각했다. 지난 밤 그녀는 별 말이 없었다. 그때에는, 그녀를 보는 것이 즐거웠다.

자동차는 약간 경사진 길을 올라갔고, 계속해서 나무들 사이를 지난 다음 대초원처럼 탁 트인 연초록색 지역으로 나와, 가장자리를 따라 늘어선 나무들의 은신처 속에 자리를 잡았다. 운전사는 천천히 차를 몰았고 윌슨은 초원 주변과 건너편을 샅샅이 훑었다. 그는 차를 세우더니 쌍안경으로 너른 들판을 살펴보고 운전사에게 계속 가라는 신호를 보냈고, 자동차는 천천히 전방으로 움직였고, 운전사는 흑멧돼지가 파 놓은 구덩이를 피하고 개미들이 만든 진흙 성을 우회하면서 자동차를 천천히 몰았다. 그런데 윌슨이 들판을 둘러보더니, 갑자기 고개를 돌리며 말했다.

"맙소사! 녀석들이 저기 있다!"

차가 앞쪽으로 내달리고 윌슨이 운전사에게 스와힐리 어로 황급히 말을 하는 동안, 매콤버는 윌슨이 가리키는 쪽을 바라보았다. 길고 거대한 모습이 거의 원통처럼 생긴, 거구의 검은 짐승 세 마리가 마치 커다란 검은 유조차처럼 광활한 초원 저 멀리 가장자리를 가로지르며 질주하고 있었다. 녀석들은 목과 몸이 움직이지 않을 정도의 전속력으로 달렸다. 녀석들이 머리를 전혀 움직이지 않은 채 앞으로 쭉 내밀고 질주할 때, 매콤버는 그들 머리 위로 굽은 넓은 검은 뿔들을 볼 수 있었다.

"늙은 물소 세 마리네요." 윌슨이 말했다. "녀석들이 늪에 도착하기 전에 막아야 합니다."

자동차는 시속 45마일이라는 엄청난 속도로 들판을 내달리고 있었고, 매콤버가 녀석을 보고 있는 동안, 물소는 그 크기가 점점 커졌고, 마침내 거대한 물소 한 녀석의 털 없는 딱지투성이 잿빛 몸체가 보일 정도로 가까워졌다. 목과 어깨, 빛나는 검은 뿔이 하나로 연결된 듯 보이는 녀석은 끊임없이 뒷발을 들어 뛰어오르면서 일렬로 달리고 있는 다른 물소들보다 조금 뒤처져 질주하고 있었다. 녀석들과 거리가 가까워지자 마치 도로를 점프라도 하듯 차가 뒤흔들렸고, 매콤버는 돌진하는 물소의 거대한 몸집, 그리고 듬성듬성 털이 난 가죽과 뿔에 난 큰 돌기와 콧구멍이 넓고 쭉 뻗은 주둥이 부분에 묻은 흙먼지까지 볼 수 있었다. 그가 소총을 들어 올리자 윌슨이 소리쳤다. "차에서는 안 된다고! 이 멍청아!" 그러나 그는 윌슨에 대한 증오만 있을 뿐 두려움은 없었다. 그러는 사이 브레이크가 걸렸고 차가 옆으로 미끄러지며 땅이 파이고서야 가까스로 멈춰 섰다. 윌슨은 한쪽으로 내렸고 그 반대편으로 매콤버가 내렸다. 여전히 요동치는 땅에 발이 닿자 몸이 휘청거렸다. 그때 녀석이 멀리 도망가자 매콤버는 물소를 향해 총을 쏘고 있었다. 총알이 녀석에게 퍽하며 박히는 소리가 들렸지만 그래도 녀석이 계속 도망가자, 녀석을 향해 소총의 총알을 전부 쏴 버렸고 그러다가 어깨 쪽을 쏴야 한다는 걸 기억해 냈다. 그가 더듬더듬 재장전을 하고 있을 때, 물소가 쓰러지는 것이 보였다. 녀석이 무릎을 꿇더니 그 큰 머리가 뒤로 젖혀졌다. 여전히 전속력으로 달리는 다른 두 마리를 본 매콤버는 앞서가는 녀석을 쏴서 맞췄다. 그리고 다시 한 번 총을 쐈지만 이번에는 빗나갔다. 그때 카라앙 하는 굉음이 들렸는데, 윌슨이 총을 쐈고 앞서가던 물소가 코를 박으며 앞으로 고꾸라지는 것이 보였다.

"저기 다른 놈을 잡아." 윌슨이 소리쳤다. "지금 쏴."

하지만 다른 한 마리는 여전히 빠른 속도로 달리고 있었으며 매콤버는 먼지 기둥만 일으킨 채 놓쳤고, 윌슨 역시 놓쳤고 먼지 구름이 피어올랐다. 윌슨이 "자자. 녀석이 너무 멀리 갔어!"라고 소리치면서 매콤버의 팔을 잡았고 그들은 다시 차에 올라탔다. 매콤버와 윌슨은 차의 양쪽에 매달린 채 울퉁불퉁한 땅 위로 흔들거리며 질주했고, 연신 뒷발을 높이 차며 전속력으로 직진하는, 굵직한 목이 있는 물소 옆으로 다가갔다.

그들은 녀석의 뒤에 있었다. 매콤버는 소총을 장전하다가 총알들을 바닥에 떨어뜨렸고 총알이 걸리자 그것을 빼냈다. 그들이 물소와 거의 나란히 달릴 때쯤 윌슨이 "멈춰!"라고 소리치자 차가 미끄러지면서 거의 뒤집힐 뻔했다. 매콤버는 앞쪽으로 용케 사뿐히 뛰어 내려 노리쇠를 힘껏 앞으로 민 다음, 전속력으로 질주하는 둥그런 검은 등을 조준하며 최대한 저만치 앞쪽을 향해 발사했다. 그리고 다시 조준하고 발사했고 그러기를 한 번 더, 그리고 또 한 번 더. 모든 총알이 물소에 명중했지만 아무런 영향도 주지 못한 것 같았다. 그런 다음 윌슨이 쐈고 그 요란한 소리에 귀가 멀고, 물소가 비틀거리는 것이 보였다. 매콤버도 신중히 조준하더니 다시 총을 쐈고 결국 녀석은 무릎을 꿇으며 주저 앉고 말았다.

"좋았어!" 윌슨이 말했다. "잘했소. 세 번째요."

매콤버는 의기양양한 기분에 취했다.

"윌슨 씨는 몇 발이나 쐈소?" 매콤버가 물었다.

"딱 세 발." 윌슨이 말했다. "매콤버 씨가 첫 번째 물소를 죽였소. 제일 큰 놈 말이요. 나는 당신이 다른 두 놈을 처리하는 걸 거들었고. 녀석들이 숲속으로 들어갈까 봐 얼마나 조마조마했는지. 당신이 녀석들을 해치운 거요. 나는 살짝 뒤처리만 했을 뿐이죠. 총 솜씨, 대단했어요."

"차로 갑시다." 매콤버가 말했다. "한 잔 하고 싶소."

"우선 저 물소부터 처리해야죠." 윌슨이 그에게 말했다. 물소는 무릎을 꿇은 채로 머리를 거칠게 흔들었다. 그들이 녀석 앞에 다가가자 성질을 내며 아우성쳤고 쑥 들어간 작은 눈으로 울부짖었다.

"녀석이 일어나지 않나 지켜봐요." 윌슨이 말했다. 그러더니 "약간 옆으로 움직이게 해서 녀석의 귀 바로 뒤쪽 목 부분을 쏴 버리죠."

매콤버는 분노에 사로잡혀 격렬하게 움직이는 거대한 목 중앙을 신중하게 조준하더니 방아쇠를 당겼다. 그 한 방에 녀석의 머리가 앞으로 고꾸라졌다.

"이제야 다 끝났네!" 윌슨이 말했다. "척추를 맞췄어요. 녀석들 정말 대단하죠?"

"한 잔 합시다." 매콤버가 말했다. 평생 이렇게 기분 좋았던 적은 없었다.

차에 있던 매콤버의 아내는 아주 창백한 얼굴로 앉아 있었다. "여보! 당신 대단했어요." 그녀는 매콤버에게 말했다. "정말 짜릿

한 경험이었어요."

"무척 힘들었죠?" 윌슨이 물었다.

"무시무시했어요. 살면서 이렇게 무서웠던 적은 한 번도 없었다니까요."

"다들 한 잔 합시다." 매콤버가 말했다.

"좋죠." 윌슨이 맞장구를 쳤다. "마님께도 한 잔 드리죠." 그녀는 휴대용 술병에 있는 위스키 원액을 마셨고, 삼킬 때 몸을 약간 떨었다. 그녀는 술병을 매콤버에게 건넸고 그는 윌슨에게 건넸다.

"무척 짜릿했어요." 마고가 말했다. "덕분에 지독한 두통이 생기긴 했지만요. 그런데 차에서 녀석들을 쏴도 되는지는 몰랐어요."

"차에서 총을 쏜 사람은 없었습니다." 윌슨이 차갑게 말했다.

"내 말은 차로 녀석들을 쫓았다는 뜻이에요."

"평소에는 안 그러죠." 윌슨이 대답했다. "그래도 이런 식으로 하니까 꽤 스릴 넘치는데요. 걸어서 사냥하는 것보다 이런 식으로 구덩이들과 이런 저런 것들로 가득한 평원을 차로 가로지르는 게 좀 더 운명에 맡기는 거죠. 물소가 맘만 먹었다면 우리가 총을 쏠 때마다 달려들었을 수도 있었어요. 녀석에게 기회를 충분히 줬습니다. 하지만 누구에게도 이 얘기는 안 할 겁니다. 말하자면 이건 불법이니까요."

"내 생각에도 아주 불공평해 보였어요." 마고가 말했다. "몸집만 크지, 무력한 녀석들을 차로 쫓다니요."

"그래요?" 윌슨이 말했다.

"나이로비에서 이 사실을 알면 어떻게 될까요?"

"우선 내 면허가 취소될 겁니다. 그 외의 다른 불쾌한 일들도 있을 테고." 윌슨은 술병에서 한 모금을 들이키며 말했다. "실업자 신세가 되겠죠."

"정말요?"

"네, 정말이죠."

"그럼," 매콤버는 그날 처음으로 웃으면서 말했다. "이제 내 아내가 윌슨 씨 약점을 잡고 있는 셈이군요."

"프랜시스! 말 좀 곱게 해요." 마고 매콤버가 말했다. 윌슨은 두 사람을 쳐다보았다. 만약 '네 글자의 남자'가 '다섯 글자의 여자†'와 결혼을 한다면, 그의 자식들은 몇 글자짜리 인간이 될까? 그는 생각하고 있었다. 그의 입에서 나온 말은 "총기 운반인 한 명이 없어졌소. 알고 있었어요?"였다.

"맙소사. 몰랐소!" 매콤버가 말했다.

"저기 오네." 윌슨이 말했다. "무사하군요. 우리가 첫 번째 물소를 사냥할 때 떨어진 게 분명해요."

니트 모자와 카키색 튜닉, 반바지 차림에 고무 샌들을 신은 한 중년의 총기 운반인이 침울한 표정에 잔뜩 열 받은 모습으로 절뚝거리며 그들에게 걸어오고 있었다. 그는 다가와서는 스와힐리 어로 윌슨에게 소리를 질러 댔고 사람들 모두는 백인 사냥꾼

---

* dumb의 네 글자를 일컬으며 '바보 같은 남자'를 말함.
† bitch의 다섯 글자를 일컬으며 '암캐 같은 여자'를 말함.

의 표정이 변하는 것을 보았다.

"뭐라고 그러는 거예요?" 마고가 물었다.

"첫 번째 물소가 일어나서 덤불 속으로 도망쳤다는군요." 윌슨이 무덤덤한 어조로 말했다.

"맙소사!" 매콤버는 넋 나간 사람처럼 말했다.

"그럼 사자 때와 마찬가지겠네요." 마고는 잔뜩 기대하는 표정으로 말했다.

"사자 때와는 완전 딴판일 겁니다." 윌슨이 그녀에게 말했다. "매콤버 씨! 한 잔 더 할래요?"

"고맙소. 그러죠." 매콤버가 말했다. 그는 사자에게 가졌던 느낌이 되살아나지 않을까 싶었지만 전혀 그렇지 않았다. 난생 처음으로 그는 전혀 두렵지 않았다. 두려움 대신 분명 자신감이 하늘을 찌를 듯했다.

"가서 두 번째 물소 좀 살펴봐야겠군요." 윌슨이 말했다. "차는 그늘에 세워 두라고 운전사에게 말해 두겠소."

"뭣 때문에 가는 거예요?" 마거릿 매콤버가 물었다.

"물소 좀 보려고요." 윌슨이 대답했다.

"나도 갈게요."

"서둘러요."

세 사람이 그곳에 가보니, 덩친 큰 시커먼 두 번째 물소가 거대한 뿔을 활짝 펼친 채 풀밭에 머리를 처박고 쓰러져 있었다.

"그놈 머리통 하나는 끝내 주네." 윌슨이 말했다. "폭이 130센티미터에 가깝네요."

매콤버는 즐거워하며 물소를 쳐다보았다.

"끔찍해 보여요." 마고가 말했다. "우리 그늘로 가면 안 돼요?"

"가도 돼요." 윌슨이 말했다. "봐요." 그는 매콤버에게 손가락으로 가리키면서 말했다. "저기 덤불 있는 곳 보이죠?"

"네."

"저기가 바로 첫 번째 물소가 안으로 도망친 곳이죠. 총기 운반인이 그러는데, 우리와 떨어졌을 때 물소는 분명 쓰러져 있었답니다. 그는 우리가 전속력으로 달리고 다른 두 물소가 질주하는 것을 지켜보고 있다가 고개를 돌렸는데 물소가 서서 자기를 쳐다보고 있었다는 군요. 총기 운반인은 걸음아 날 살려라 도망쳤고 물소는 저 덤불 속으로 천천히 들어갔답니다."

"이제 녀석을 쫓아 들어갈까요?" 매콤버가 간절하게 물었다.

윌슨은 살피듯이 그를 쳐다보았다. 이 사람 정신 나간 게 아니라면 정말 내 성을 간다. 어제는 구역질을 하며 벌벌 떨던 사람이 오늘은 못 말리는 용사가 되셨네.

"아뇨. 녀석에게 잠깐 시간을 줄 겁니다."

"제발 그늘로 가자고요." 마고가 말했다. 그녀의 얼굴은 창백했고 왠지 아파 보였다.

그들 모두 가지가 넓게 뻗어 있는, 한 그루 나무 아래 세워 둔 차에 올라탔다.

"어쩌면 녀석은 저 안에서 죽었을지도 모릅니다." 윌슨이 언급했다. "조금 있다가 확인하러 갑시다."

매콤버는 전에 한 번도 경험해 본 적 없는, 설명할 수 없는 격한 행복감을 느꼈다.

"야! 추격이란 게 바로 이런 거였군." 그가 말했다. "한 번도 이런 기분을 느껴 본 적이 없었어. 굉장하지 않아? 마고!"

"난 싫었어요."

"왜?"

"싫었어요." 그녀는 불쾌한 듯 말했다. "혐오스러웠다고요."

"다시는 아무것도 두려울 게 없을 것 같소." 매콤버는 윌슨에게 말했다. "우리가 처음 물소를 보고 녀석을 쫓기 시작한 후 내 안에서 뭔 일이 일어났소. 댐이 터져 버린 것 같다고나 할까. 완전 짜릿했소."

"간이 깨끗이 씻겨 졌겠군요." 윌슨이 말했다. "사람들에게 기막히게 재미있는 일들이 일어나죠."

매콤버의 얼굴에서 빛이 나고 있었다. "내게 뭔 일이 일어났단 말이요." 그가 말했다. "완전히 딴 사람이 된 기분이요."

매콤버의 아내는 한마디도 하지 않은 채 남편을 이상한 눈으로 쳐다보았다. 그녀는 의자 뒤쪽으로 바싹 붙어 앉았고 매콤버는 앞쪽에 걸터앉아 윌슨과 이야기를 나눴다. 윌슨도 옆으로 몸을 돌려 앞자리의 등받이 너머로 이야기를 하고 있었다.

"저기, 다른 사자도 도전해 보고 싶은데." 매콤버가 말했다. "이젠 정말 녀석들이 하나도 두렵지 않거든요. 하기야 지들이 뭔 짓을 하겠소?"

"그렇고말고요." 윌슨이 말했다. "끽해야 죽기 밖에 더하겠소. 뭐였더라? 셰익스피어 건데. 끝내 주는 구절이었는데. 기억

나는지 봅시다. 아! 기가 막힌 건데…… 한때 혼자서 암송한 적
도 있었죠. 가만 있자! '맹세코 나는 개의치 않으리. 인간은 딱 한
번 죽을 수 있지. 우리는 신에게 죽음을 빚지고 있고 죽음이 어
떤 식이든 내버려 둬. 올해 죽은 자는 내년에 죽지 않나니.' 죽이
지 않소?"

그는 자신이 신조로 삼는 이런 얘기를 꺼내면서 몹시 쑥스러
워 했지만, 이전에도 사람이 성인(成人)이 되는 것을 봐왔고 그것
은 언제나 그에게 감동을 선사했다. 그것은 단순히 스물한 살 생
일을 맞이했느냐의 문제가 아니었다.

매콤버의 경우, 미리 걱정하고 말고 할 것도 없이 순식간에
행동을 촉발시키는, 사냥이라는 뜻밖의 기회를 통해 이런 변화
가 찾아왔다. 하지만 어떻게 일어났든 상관없이, 그런 일이 일어
났다는 것만은 아주 확실했다. 자! 저 자식을 좀 보라고. 윌슨은
생각했다. 꽤 오랫동안 철부지처럼 구는 경우도 더러 있잖아. 윌
슨은 생각했다. 평생 그렇게 사는 사람들도 간혹 있고. 쉰 살이
돼도 여전히 어린애 같은 사람도 있어. 그 잘난 철부지 미국 남자
어른들. 진짜 이상한 인간들이야. 하지만 이제 그는 이런 매콤버
가 좋아졌다. 정말 희한한 친구다. 아마 매콤버 아내의 서방질도
막을 내리게 될지도 모른다. 그러니까 이건 끝내 주게 좋은 일이
다. 끝내 주게 좋은 일. 모르긴 몰라도 저 자식은 평생 두려워하며
살았을 것이다. 뭣 때문에 그렇게 됐는지는 모른다. 하지만 이젠
끝났다. 물소의 경우는 두려워할 겨를도 없었다. 그렇기도 했고,
게다가 화도 난 상태였다. 자동차도 있었다. 차 덕분에 일처리도

수월했다. 이제 못 말리는 싸움꾼이 되었다. 윌슨은 전쟁 중에도 같은 상황을 경험했다. 순결을 잃은 것보다 더 큰 변화였다. 마치 수술을 한 것처럼 공포가 사라졌다. 그리고 그 자리에 다른 것이 자라났다. 남자가 가진 중요한 것. 그것은 그를 남자로 만들었다. 여자들도 그것을 알아챘다. 빌어먹을 공포가 사라졌다는 걸.

뒷좌석 귀퉁이에 앉아 있던 마거릿 매콤버는 두 사람을 쳐다보았다. 윌슨에게는 아무런 변화도 없었다. 전날 그녀가 윌슨의 탁월한 재능이 무엇인지 처음 깨달았을 때의 그 눈빛으로 윌슨을 바라보았다. 하지만 지금 그녀는 프랜시스 매콤버에게서 변화를 느꼈다.

"앞으로 일어날 일에 대해 그쪽도 설렙니까?" 매콤버는 자기한테 새로 생긴 재산을 생각하면서 물었다.

"그런 말 마쇼." 윌슨은 상대의 얼굴을 보며 말했다. "겁난다고 말하는 게 훨씬 그럴듯하죠. 잘 들어요! 당신 역시 두려워지는 때가 있을 겁니다. 그것도 여러 번 말이죠."

"그래도 앞으로 일어날 상황에 대해 설레긴 하죠?"

"그렇죠." 윌슨이 동의했다. "그런 게 있긴 하죠. 하지만 그런 이야기는 너무 많이 하는 게 아닙니다. 말하면 모든 게 사라질 수 있거든요. 그런 말을 너무 자주 입에 올리면 어떤 것에서도 즐거움을 찾을 수 없게 됩니다."

"두 분 다 말 같지도 않은 소리 하고 계시네요." 마고가 말했다. "그저 차를 타고 무력한 동물들을 뒤쫓았으면서 영웅이라도 된 것처럼 말하는군요."

"죄송합니다." 월슨이 말했다. "제가 너무 말이 많았죠." 저 여자는 벌써 그것에 대해 걱정하고 있군, 그는 생각했다.

"우리가 무슨 얘기 하는지도 모르면 빠져 주는 게 어때?" 매콤버가 아내에게 말했다.

"당신 대단히 용감해졌네요. 그것도 아주 갑자기." 그의 아내는 경멸하듯 말했다. 하지만 진짜 경멸인지는 확실하지 않았다. 그녀는 뭔가 몹시 두려웠다.

매콤버는 활짝 웃었다. 가식 없는 기분 좋은 웃음이었다. "당신도 눈치 챘군. 내가 용감해졌다는 걸." 그가 말했다. "진짜 그래."

"좀 늦은 거 아닌가요?" 마고가 이죽거렸다. 그녀는 과거 수년 동안 자기가 할 수 있는 최선을 다했고, 그들이 함께 사는 현상황은 어느 누구의 잘못도 아니었기 때문이다.

"나한테는 아니요." 매콤버가 말했다.

마고는 한마디도 하지 않은 채 의자 구석에 다시 등을 기댔다.

"녀석에게 시간을 충분히 준 것 아니요?" 매콤버는 신이 나서 월슨에게 물었다.

"한 번 보러 가죠." 월슨이 말했다. "총알은 남았나요?"

"총기 운반인한테 몇 개 있소."

월슨은 스와힐리 어로 소리쳤고 물소 한 마리의 가죽을 벗기고 있던 나이든 총기 운반인이 바로 일어서더니, 주머니에서 총알 한 상자를 꺼내 매콤버에게 건넸다. 매콤버는 탄창을 꽉꽉 채운 다음 남은 총알은 주머니에 넣었다.

"스프링필드로 쏘는 게 좋을 것 같군요." 월슨이 말했다. "그

총에 익숙하잖아요. 마님과 함께 차 안에 만리커 총을 놔둘 겁니다. 총기 운반인이 무거운 총을 들 거요. 나는 이 빌어먹을 권총을 가져 갈 겁니다. 이제 물소 얘기를 하죠." 그는 매콤버를 걱정하게 하고 싶지 않았기 때문에 마지막까지 이 얘기를 피했었다. "물소란 녀석은 다가올 때 머리를 쳐들고 곧장 밀고 올 겁니다. 뿔의 돌기는 머리 쪽으로 날아오는 모든 종류의 총알을 막아 줍니다. 콧속으로 바로 쏘는 게 최고죠. 또 녀석의 가슴을 쏘거나, 당신이 옆쪽에 있다면 목이나 어깨 쪽을 쏘는 것도 좋은 방법입니다. 녀석들은 일단 총에 맞으면, 닥치는 대로 달려들어 죽이니 엉뚱한 짓 하지 마쇼. 가장 쉬운 방법으로 쏴야 합니다. 이제 저 녀석의 머리 가죽을 다 벗긴 모양이네요. 출발할까요?"

그는 손을 닦으며 다가오는 총기 운반인들에게 소리쳤고 나이든 운반인이 뒷자리에 올라탔다.

"콩고니만 데려갈 겁니다." 윌슨이 말했다. "다른 한 사람은 새들이 접근 못하게 망을 볼 거예요."

차는 탁 트인 들판을 지나 섬 모양의 덤불숲을 향해 천천히 이동했다. 그곳에는 광활한 늪지대를 가로지르는 바싹 마른 수로를 따라 혓바닥 모양의 잎을 가진 덤불 나무들이 쭉 늘어서 있었다. 매콤버는 가슴이 콩닥콩닥 뛰는 것 같았고 입 안이 다시 바싹 타들어 갔지만 그것은 두려움이 아니라 흥분이었다.

"여기가 녀석이 들어간 곳이요." 윌슨이 말했다. 그런 다음 총기 운반인에게 스와힐리 어로 말했다. "핏자국을 따라가."

차는 덤불 구역과 나란히 세웠다. 매콤버와 윌슨, 그리고 총기 운반인이 차에서 내렸다. 뒤를 돌아 본 매콤버는 아내가 총을 옆에 둔 채 그를 바라보고 있는 모습을 보았다. 그는 아내에게 손을 흔들었지만 그녀는 손을 흔들지 않았다.

앞쪽에는 덤불이 빽빽하게 들어서 있었고 땅은 바싹 말라 있었다. 중년의 총기 운반인은 땀을 뻘뻘 흘렸고 윌슨은 눈 위까지 모자를 푹 눌러 썼다. 매콤버 바로 앞에 불그스름한 윌슨의 목이 보였다. 갑자기 총기 운반인이 윌슨에게 스와힐리 어로 뭐라 말하고는 앞으로 달려 나갔다.

"녀석이 저쪽에 죽어 있답니다." 윌슨이 말했다. "수고 했소." 그러면서 그는 뒤돌아 매콤버의 손을 잡았다. 두 사람이 서로 웃으며 악수를 하는데, 총기 운반인이 미친 듯이 소리를 질렀다. 그가 게처럼 옆걸음으로 빠르게 덤불 밖으로 나오는 모습이 보이더니, 이어서 물소가 코를 쑥 내밀고 입은 앙 다문 상태에서 피를 뚝뚝 흘리며 거대한 머리를 앞으로 쭉 내밀며 돌격하는 것이 아닌가. 녀석은 그들을 보자마자, 쑥 들어간 작은 눈에 핏발이 섰다. 앞쪽에 있던 윌슨은 무릎을 꿇은 채 총을 쏘고 있었고, 매콤보도 총을 쐈지만 윌슨의 총에서 뿜어져 나오는 굉음에 자기 총소리는 들리지도 않았다. 뿔들의 거대한 돌기에서 깨져 나오는 석판 같은 파편들이 보였다. 녀석의 머리가 홱 젖혀지자, 매콤버는 다시 널따란 콧구멍을 향해 총을 발사했지만 또 다시 뿔이 격렬하게 움직이면서 파편들이 날아가는 게 보였다. 그는 이제 윌슨을 보지 않았고 신중을 기해 조준을 한 다음 물소의 거대한 몸집이 그에게 거의 가까이 다가온 상황에서 다시 총을 발사했다. 그의 소총은 코를 쑥 내밀며 다가오는 녀석의 머리와 거의 같은 높이에 있었다. 매콤버는 사악한 작은 눈과 머리가 아래로 떨어지는 것을 보았고 그는 머릿속에서 갑자기 눈을 뜰 수 없을 정도로 너무나 눈부신 섬광이 터지는 것을 느꼈다. 오로지 그 느낌뿐이었다.

월슨은 어깨 쪽에 총을 쏘기 위해 옆으로 몸을 숙였다. 매콤버는 꼼짝 않고 서서 코를 향해 방아쇠를 당겼지만, 매번 조금 높게 쏘는 바람에 육중한 뿔을 맞혔고 슬레이트 지붕을 맞춘 것처럼 뿔들이 쪼개지고 잘게 부서졌다. 그런데 그때 차 안에 있던 매콤버 부인이 매콤버가 막 뿔에 들이받힐 것처럼 보이자, 6.5 구경 만리커 총으로 물소를 쐈고, 남편의 두개골 하단에서 5센티미터 정도 약간 위쪽 옆을 맞추고 말았다.

프랜시스 매콤버는 이제 물소가 모로 누워 있는 곳에서 불과 2미터 정도 떨어진 곳에 머리를 숙인 채 쓰러져 있었다. 그의 아내는 남편 옆에 무릎을 꿇었고 그녀 옆에는 월슨이 있었다.

"나라면 남편의 몸을 뒤집지 않을 거요." 월슨이 말했다.

여자는 미친 듯이 울고 있었다.

"차로 돌아가 있을게요." 월슨이 말했다. "총은 어디 있소?"

그녀는 얼굴을 일그러뜨린 채 고개를 가로저었다. 총기 운반인은 총을 집어 들었다.

"그대로 둬." 월슨이 말했다. 그런 다음 "압둘라를 데려와. 사고 상황을 목격했을지도 모르니까."

그는 무릎을 꿇고 주머니에서 손수건을 꺼내더니 프랜시스 매콤버의 짧은 머리 위에 펼쳐 놓았다. 푸석푸석하고 메마른 땅에 피가 스며들었다.

윌슨은 일어서서 그의 옆쪽에 있는 물소를 바라보았다. 다리는 쭉 뻗어 있었고 털이 듬성듬성 난 배에는 진드기들이 기어 다니고 있었다. "끝내주는 물소군." 자연스레 견적이 나왔다. "125 센티미터는 족히 넘겠군. 넘겠어." 그는 운전사를 불러 시체 위에 담요를 덮고 그 옆에 있으라고 말했다. 그런 다음 윌슨은 차가 있는 곳으로 갔는데, 여자가 한쪽 구석에 앉아 울고 있었다.

"일 한 번 크게 치셨네." 그는 단조로운 목소리로 말했다. "저 사람도 당신을 떠날 생각이었겠지만."

"그만 해요." 그녀가 말했다.

"물론 사고죠." 그가 말했다. "알아요."

"그만 하라고요." 그녀가 소리쳤다.

"걱정 마쇼." 그가 말했다. "다소 불쾌하겠지만 사인 조사에서 아주 유용하게 쓰일 사진 몇 장을 찍을 겁니다. 총기 운반인들과 운전사의 증언도 있고요. 당신한테는 아무 일 없을 겁니다."

"그만하라잖아요." 그녀가 말했다.

"할 일이 태산이네." 그가 말했다. "우리 세 사람을 나이로비로 데려갈 비행기에 무선을 치려면 트럭 한 대를 호수 쪽으로 보내야겠군. 왜 그를 독살하지 않았죠? 영국에서는 그렇게들 한다던데."

"그만! 그만! 그만하라니까요!" 여자는 울부짖었다.

윌슨은 납작한 파란 눈으로 그녀를 쳐다보았다.

"이제 내 일은 끝났소." 윌슨이 말했다. "나도 화가 좀 났었어요. 당신 남편이 맘에 들기 시작했거든요."

"오! 제발 그만 좀 하라고요." 그녀가 애원했다. "제발 그만!"

"그러니까 좀 낫네." 윌슨이 말했다. "제발이라는 말이 들어가니 훨씬 나아요. 뭐, 그럼 이제 그만 하죠."

# 인디언 마을

호숫가에는 또 다른, 노로 젓는 배 한 척이 끌어올려져 있었다. 인디언 두 명이 기다리며 서 있었다.

닉과 그의 아버지가 선미에 오르자, 인디언들이 배를 호수 쪽으로 밀었고 그들 중 한 명이 노를 젓기 위해 배에 올라탔다. 엉클 조지는 천막 친 보트 선미에 앉았다. 젊은 인디언은 엉클 조지를 태운 천막 친 보트를 밀더니 배에 올라타 노를 저었다.

배 두 척이 어둠 속에서 움직이기 시작했다. 닉은 옅은 안개 속 저만치 앞서 가는 다른 배에서 나는 노걸이 소리를 들었다. 인디언들은 빠르면서도 거칠게 노를 저어 갔다. 닉은 아버지 팔에 안겨 기대 있었다. 물 위는 추웠다. 두 사람을 태우고 가는 인디언들은 나름 열심히 노를 젓고 있었지만 줄곧 다른 배가 안개 속 저만치 앞서 나아갔다.

"아빠! 우리 어디 가는 거예요?" 닉이 물었다.

"저 너머 인디언 마을로 가는 중이야. 인디언 여자가 무척 아프단다."

"아!" 닉이 말했다.

만 건너편을 보니, 다른 배는 이미 뭍에 끌어올려진 상태였다. 엉클 조지는 어둠 속에서 시가를 피우고 있었다. 젊은 인디언은 배를 뭍 위로 끌어당겼다. 엉클 조지는 인디언 두 명에게 시가를 건넸다.

그들은 손전등을 들고 있는 젊은 인디언 뒤를 따라, 호숫가 위로 걸어 올라가 이슬을 머금어 흠뻑 젖은 초원을 지나갔다. 이윽고 숲속으로 들어가 오솔길을 따라 걸어가니, 벌목 도로가 나타났고 그 도로는 다시 나지막한 산등성이로 이어졌다. 도로 양쪽에 있는 나무들이 베어져 있어, 다른 곳보다 훨씬 환했다. 젊은 인디언이 잠시 멈추더니 손전등을 껐고 일행은 도로를 따라 계속 걸어갔다.

굽은 길을 돌자, 개 한 마리가 나와 짖어 댔다. 앞 쪽에는 나무껍질을 벗기며 살아가는 인디언들의 오두막 불빛들이 보였다. 더 많은 개들이 그들을 향해 달려들었다. 인디언 두 명이 녀석들을 오두막 뒤쪽으로 보냈다. 길에서 가장 가까운 오두막 창문에 불빛이 비쳤다. 어느 나이든 여자가 램프를 들고 문 앞에 서 있었다.

집 안 나무 침상에 한 젊은 인디언 여자가 누워 있었다. 이틀

동안 산고를 겪는 중이었다. 나이 지긋한 마을 여자들이 전부 그녀를 도와주고 있었다. 남자들은 길 위쪽, 산모의 소리가 들리지 않는 곳으로 발길을 옮기더니 캄캄한 어둠 속에 앉아 담배를 피워 댔다. 닉과 인디언 두 명은 아버지와 엉클 조지를 따라 오두막 안으로 들어갔는데, 때 마침 산모가 비명을 질렀다. 산모는 아래 침상에 누워 있었고 누비이불을 덮은 몸집은 무척 커 보였다. 머리를 옆으로 돌리고 있었다. 위쪽 침상에는 남편이 있었다. 사흘 전, 도끼에 발이 찍혀 심하게 다친 상태였다. 그는 파이프 담배를 피우고 있었다. 방에서는 악취가 지독했다.

닉의 아버지는 난로에 물을 조금 올려놓으라고 시켰고 물이 끓는 동안 그는 닉에게 말했다.

"닉, 이 부인은 아기를 낳을 거란다." 그가 설명해 주었다.

"알아요." 닉이 대답했다.

"모를 걸." 아버지가 말했다. "잘 들어라. 이 부인은 지금 진통이라는 걸 하고 있는 거란다. 아기도 나오고 싶어 하고 엄마도 아기가 태어나기를 바라지. 부인의 모든 근육들이 아기를 나오게 하려는 거야. 부인이 비명을 지를 때 그런 일이 일어나고 있는 거란다."

"그렇군요." 닉이 말했다.

바로 그때 여자가 비명을 질렀다.

"어휴. 아빠! 비명을 멈추게 할 만한 거 뭐 없어요?" 닉이 물었다.

"응. 나한테는 마취제가 없어." 아버지가 말했다. "하지만 비명을 지른다고 큰일이 생긴 건 아니란다. 별일 아니다, 난 그 비명 소리가 들리지도 않는 걸."

위쪽 침상의 남편은 벽 쪽으로 돌아누웠다.

부엌에 있는 여자가 의사에게 물이 뜨겁다는 신호를 보냈다. 닉의 아버지는 부엌으로 가서 커다란 주전자의 물을 대야에 반쯤 부었다. 그러고는 손수건에서 꺼낸 몇 가지를 남은 주전자 물에 넣었다.

"이것들은 삶아야 한단다." 그는 이렇게 말하더니 뜨거운 물이 담긴 대야에 손을 담그고 캠프에서 가져온 비누로 손을 문지르기 시작했다. 닉은 아버지가 두 손을 비누로 비벼 대는 모습을 지켜보았다. 아버지는 손을 구석구석 꼼꼼하게 씻으면서 말했다.

"있잖아, 닉! 아기는 맨 처음 머리부터 나와야 하는데 간혹 안 그런 경우도 있단다. 그럴 땐 다들 고생이 이만저만이 아니지. 아무래도 이 부인은 수술을 해야 할 것 같구나. 잠시 후면 알게 되겠지만."

아버지는 손 상태에 흡족해 하더니 안으로 들어가서 일을 시작했다.

"조지, 이불 좀 걷어 줄래요?" 닉의 아버지가 말했다. "난 안 만지는 편이 나을 것 같아서요."

잠시 후, 그가 수술을 시작했고 엉클 조지와 인디언 남자 세 명은 여자가 움직이지 못하게 잡고 있었다. 그녀가 엉클 조지의 팔을 물었고 엉클 조지는 욕을 해댔다. "이 빌어먹을 인디언 년!" 그러자 엉클 조지를 태우고 노를 저었던 젊은 인디언이 그를 보며 끽끽댔다. 닉은 아버지를 위해서 대야를 잡았다. 일이 완전히 끝나는 데 시간이 꽤 걸렸다. 닉의 아버지는 아기를 들어 올리더니 찰싹 때려 숨을 쉬게 한 다음 나이든 여자에게 건넸다.

"봐라. 닉! 사내아이란다." 그가 말했다. "인턴이 된 소감이 어떠니?"

닉이 말했다. "좋았어요." 그는 아버지가 하고 있는 것을 보지 않으려고 고개를 돌리고 있었다.

"자! 됐다." 그의 아버지는 대야 안에 뭔가를 넣었다. 닉은 그것을 보지 않았다.

"이제," 그의 아버지가 말했다. "몇 바늘 꿰맬 거란다. 이건 봐도 되고 안 봐도 돼. 닉! 네가 하고 싶은 대로 하렴. 난 절개한 부위를 꿰매야 한단다."

닉은 보지 않았다. 이미 오래 전에 호기심이 사라진 상태였다.

그의 아버지는 일을 마무리 짓고 일어섰다. 엉클 조지와 인디언 남자 세 명도 따라 일어섰다. 닉은 대야를 부엌에 갖다 놓았다.

엉클 조지는 제 팔을 바라보았다. 젊은 인디언은 아까 일이 떠오른 듯 미소를 지었다.

"조지! 거기에 과산화수소 좀 발라 줄게요." 의사가 말했다. 그는 인디언 여자 쪽으로 몸을 굽혔다. 그녀는 이제 안정을 되찾았고 눈이 감겨 있었다. 아주 창백해 보였다. 그녀는 아기든 뭐든 일이 어떻게 돌아가는 건지 전혀 알지 못했다.

"아침에 다시 올게요." 의사가 일어서면서 말했다. "정오쯤 세인트 이그너스에서 간호사가 올 거고 우리한테 필요한 걸 전부 가져다 줄 겁니다."

그는 경기가 끝난 후 풋볼 선수가 탈의실에서 그렇듯 의기양양해 하며 수다를 떨었다.

"조지! 이건 의학 잡지에 실릴 법한 일이요." 그가 너스레를 떨었다. "잭나이프로 제왕절개를 하고 2미터 74센티미터의 끝이 가는 야잠사 목줄로 절개 부위를 꿰맸으니 말이죠."

엉클 조지는 벽에 기대서서 자기 팔을 보고 있었다.

"그럼요. 당신 대단한 사람이고말고요." 그가 맞장구를 쳤다.

"뿌듯해 할 아기 아버지를 한 번 봐야겠어요. 대개는 애 아빠들이 이런 대단찮은 일에서 가장 심하게 고통을 받거든요." 의사가 말했다. "여기 애 아빠에게 이 모든 일을 아주 차분하게 잘 견뎌 줬다고 말해 줘야겠어요."

의사는 그 인디언의 머리에서 이불을 걷어 냈다. 그의 손이 축축해졌다. 그는 한 손에 램프를 들고 아래 침상 가장자리 위로 올라가 안쪽을 살펴보았다. 얼굴을 벽 쪽으로 돌린 채 인디언이 누워 있었다. 귀에서 귀까지 목이 베어져 있었다. 그의 몸이 축 늘어지면서 침상의 푹 꺼진 부분으로 피가 흘러 내렸다. 그의 머리는 왼팔 위에 있었다. 펼쳐진 면도칼 모서리가 선 채로 이불에 놓여 있었다.

"조지! 닉을 오두막 밖으로 데리고 나가요." 의사가 말했다.

그럴 필요가 없었다. 부엌 문 앞에 서 있던 닉은 아버지가 한 손에 램프를 들고 인디언의 머리를 뒤로 젖혔을 때 위쪽 침상 모습을 훤히 볼 수 있었기 때문이다.

그들이 벌목 도로를 따라 걸어 다시 호수를 향해 갈 때쯤 여명이 밝아 오고 있었다.

"니키! 너를 데려가서 정말 미안하구나." 수술 후의 흥분은 온데간데없이 사라진 듯 아버지는 힘없이 말했다. "그런 험한 일을 겪게 했으니!"

"여자들은 늘 저렇게 힘들게 아기를 낳나요?" 닉이 물었다.

"아니야. 이번은 아주 특수한 경우란다."

"아빠! 어째서 그 아저씨는 자살을 한 거죠?"

"모르겠다. 닉. 그 상황을 도저히 견딜 수 없었던 모양이구나."

"아빠! 자살하는 남자들이 많나요?"

"그렇게 많지는 않아. 닉."

"여자는 많아요?"

"거의 없지."

"전혀 안 해요?"

"아니! 여자들도 가끔은 그런단다."

"아빠?"

"응."

"엉클 조지는 어디 갔죠?"

"곧 올 거야."

"아빠! 죽는 건 힘든가요?"

"아니. 아주 쉬울 것 같은데, 닉. 그건 사정 나름이야." 그들은 보트에 앉아 있었다. 닉은 선미에 탔고 아버지는 노를 저었다. 나지막한 언덕 너머로 태양이 떠오르고 있었다. 농어 한 마리가 튀어 오르자 호수에 둥근 파문이 일었다. 닉은 물속에 손을 넣고 물살을 갈랐다. 아침의 쌀쌀한 한기에 오히려 물속이 따뜻하게 느껴졌다.

닉은 이른 아침 호수에서 아버지가 노를 젓는 배의 선미에 앉아, 자신은 결코 죽으려 하지 않을 거라고 확신했다.

# 킬리만자로의 만년설

킬리만자로는 높이 19,710 피트\*의 눈 덮인 산으로, 아프리카에서 가장 높은 산이라고 한다. 마사이족은 킬리만자로의 서쪽 정상을 '웅가예 웅가이', 즉 '신의 집'이라고 부른다. 서쪽 정상 근방에는 바싹 마르고 꽁꽁 얼어 버린 표범 한 마리의 사체가 있다. 표범이 그 고지에서 뭘 찾고 있었는지 설명하는 사람은 한 사람도 없다.

"신기하게 전혀 아프지 않아." 그가 말했다. "이런 식으로 떠날 시간을 알려 주는군."

"정말요?"

"물론이지. 그나저나 냄새 때문에 너무 미안해. 괴로울 텐데."

"제발 그러지 말아요!"

"저 녀석들 좀 봐." 그가 말했다. "녀석들이 저렇게 오는 건 이런 몰골 때문일까, 아니면 냄새 때문일까?"

미모사 나무†의 넓은 그늘 아래 남자가 누워 있는 침상이 자리하고 있었다. 그늘 너머 뙤약볕이 내리쬐는 평원 위를 바라보

---

\* 해발 고도 5,985미터.
† 잎을 건드리면 이내 오므리며 아래로 늘어지는, 대단히 민감한 식물.

니, 몸집이 큰 새 세 마리가 흉측한 모습으로 쭈그려 앉아 있고, 그 사이 하늘에는 열두 마리가 넘는 새들이 경쾌하게 미끄러지듯 날아다니며 빠르게 움직이는 그림자를 만들었다.

"저 녀석들은 트럭이 고장 난 그날부터 쭉 저기 있었지." 그가 말했다. "그런데 오늘 처음으로 죄다 땅에 내려와 있네. 혹시나 녀석들 이야기를 소설에 써먹을까 싶어 처음에는 날아가는 방식을 유심히 관찰했었는데, 이제 그건 웃기는 짓이야."

"그러지 말아요." 그녀가 말했다.

"말이 그렇다는 거지, 뭐." 그가 말했다. "말이라도 하면 훨씬 편해지거든. 그렇다고 당신을 귀찮게 하고 싶지는 않아."

"귀찮을 게 뭐 있어요." 그녀가 대답했다. "해줄 수 있는 게 하나도 없어서 속상할 뿐이죠. 비행기 올 때까지 우리 가능한 한 맘 편히 있어요."

"아니면 비행기가 오지 않을 때까지."

"내가 할 수 있는 일이나 말해 줘요. 분명 내가 할 수 있는 일이 있을 거예요."

"다리 좀 잘라 줘. 그럼 그걸 멈추게 할 수 있을지도 몰라. 확실하진 않지만 말이야. 아님 총으로 쏴 주든가. 이제 당신도 명사수잖아. 내가 총 쏘는 법 가르쳐주지 않았소?"

"제발 그런 식으로 말하지 말아요. 책 읽어 줄까요?"

"뭐 읽을 건데?"

"가방에 있는 책 중에서 읽지 않은 거 아무 거나요."

"그게 귀에 들어오겠어?" 그가 말했다. "얘기하는 게 제일 편해. 말싸움도 하고, 그러다 보면 시간도 빨리 가고 말이야."

"난 안 싸워요. 정말 싸우기 싫다고요. 더는 우리 싸우지 말아요. 아무리 불안해도 말이죠. 아마 오늘쯤 사람들이 다른 트럭을 가지고 돌아올 거예요. 아마 비행기가 올 거예요."

"난 움직일 생각 없어." 남자가 말했다. "이제 움직이는 건 아무 의미가 없어. 당신 맘이야 편하겠지만."

"그건 비겁해요."

"험담 하지 말고, 가능한 한 맘 편히 죽도록 내버려 둘 순 없어? 나한테 욕해 봤자 무슨 소용이 있어!"

"당신은 죽지 않아요."

"바보 같이 굴지 마. 난 지금 죽어 가고 있어. 저 녀석들한테 물어보라고." 그는 벗겨진 머리가 구부러진 깃털 속에 파묻혀 있는, 덩치 큰 더러운 새들이 앉아 있는 곳을 건너다보았다. 네 번째 새가 내려와서 종종걸음으로 뛰더니 다른 무리들이 있는 곳으로 천천히 뒤뚱거리며 걸어갔다.

"저런 녀석들은 어느 캠프에나 있어요. 신경 쓰지 마세요. 포기하지 않는 한 당신은 안 죽어요."

"그런 건 어디서 읽었어? 당신은 형편없는 바보구먼."

"다른 사람 생각도 좀 해줘요."

"맙소사!" 그가 말했다. "그게 내 일이었어."

그는 그런 다음 누워서 잠시 말없이 평원의 아지랑이 너머 덤불 가장자리로 시선을 옮겼다. 노란색 바탕에 흰색의 왜소해 보이는 톰슨가젤 몇 마리가 있었고 저 멀리 녹색 덤불을 배경으로 흰색 얼룩말 무리가 보였다. 이곳은 언덕을 등지고 커다란 나무 아래에 있는 쾌적한 야영지로, 깨끗한 물도 있고 근처에 거의 말라 버린 물웅덩이에 아침마다 사막 꿩들이 날아들었다.

"책 읽지 말까요?" 그녀가 물었다. 그녀는 그의 침상 옆 캔버스 천 의자에 앉아 있었다. "산들바람이 부네요."

"응! 그만 둬."

"아마 트럭이 올 거예요."

"염병할 트럭 같은 거 관심 없어."

"난 있어요."

"내가 관심도 없는 것들에 당신은 아주 관심이 많지."

"그렇게 많지는 않아요. 해리!"

"술 한 잔 할까?"

"당신한테 해로워요. 블랙이 쓴 책에 알코올은 죄다 피하라고 쓰여 있어요. 당신, 술 마시면 안 돼요."

"몰로!" 그가 소리쳤다.

"네, 브와나(주인님)."

"위스키소다 가져와."

"네, 브와나!"

"안 돼요." 그녀가 말했다. "그게 바로 내가 말한 포기라는 거예요". 술이 당신한테 나쁘다고 책에 나와 있다니까요. 술이 당신에게 나쁘다는 정도는 나도 안다고요."

"아니야." 그가 말했다. "나한테는 괜찮아."

그래, 이제 다 끝났어, 그는 생각했다. 이제 끝낼 기회도 그는 가지지 못할 것이다. 술 가지고 언쟁이나 벌이다가 이렇게 끝나는 거지. 오른쪽 다리에 괴저가 시작되면서부터 그는 아무런 통증도 느끼지 못했고 통증과 함께 공포도 사라졌다. 이제 그가 느끼는 거라고는 극도의 피곤함과 이게 인생의 끝이라는 분노뿐. 지금 다가오고 있는 이것에 대해, 그는 궁금한 게 거의 없었다. 오랫동안 그토록 집착해 오던 것이었는데. 하지만 이제 그 자체는 아무런 의미가 없었다. 피곤하다는 이유로, 쉽게 그렇게 된다는 게 신기했다.

이제 그는 충분히 파악하여 제대로 쓰기 위해 아껴 뒀던 이야기들을 결코 쓰지 못하게 될 것이다. 아마 그 이야기들을 쓰려고 시도하다가 실패하는 일도 없을 것이다. 어쩌면 그것들은 절대 쓸 수 없었던 것들이었는지도 모른다. 그래서 계속 미루면서 시작도 못하고 있었던 건지도. 아무튼 이제 그는 알 수가 없었다.

"우리 오지 말 걸 그랬어요." 여자가 말했다. 그녀는 남자를 바라보면서 잔을 들고 입술을 깨물었다. "파리에 있었더라면 이런 일은 절대 겪지 않았을 텐데. 당신 파리를 사랑한다고 입버릇처럼 말했잖아요. 파리에 있든 다른 어디든 갈 수 있었는데. 나는 어디라도 갈 수 있었어요. 당신이 원하는 곳 어디든 가겠다고 했었죠. 당신이 사냥을 하고 싶으면, 헝가리에 가서 사냥을 하고 편하게 지냈을 텐데."

"당신의 그 염병할 돈으로 말이지!" 그가 말했다.

"부당해요." 그녀가 말했다. "내 돈이 늘 당신 돈이잖아요. 나는 모든 걸 내려놓고 당신이 가고 싶어 하는 곳이면 어디든 갔고 당신이 하고 싶어 하는 것도 다 했어요. 하지만 여기만은 오지 말았어야 했어요."

"여기가 좋다고 했잖아."

"당신이 괜찮을 때는 그랬죠. 하지만 이젠 싫어요. 당신 다리가 왜 그렇게 돼야 하는지 모르겠어요. 우리가 무슨 짓을 했다고 이런 일을 당하는 거죠?"

"처음에 내가 다리를 긁혔을 때 요오드를 바르는 걸 깜박해서일거야. 그때 이후로 다리에 관심이 없었어. 감염된 적이 한 번도 없었으니까. 그러다가 후에 상태가 점점 악화되었을 때 다른 소독제는 동이 났고 아마 상처 주위에 약한 석탄산수를 사용했을 거야. 그게 미세한 혈관을 마비시키고 괴사를 유발한 거지." 그는 그녀를 바라보았다. "또 뭐가 있겠어?"

"그런 의미가 아니잖아요."

"만일 우리가 풋내기 키쿠유족 운전사 대신 솜씨 좋은 정비공을 고용했더라면, 그는 오일을 체크했을 테고 트럭의 그 베어링이 고장 나는 일도 없었겠지."

"내 말은 그런 의미가 아니에요."

"당신이 당신 집안사람들, 그러니까 그 빌어먹을 올드 웨스트베리, 새러토가, 팜비치 사람들을 버리고 나를 떠맡지만 않았어도……"

"맙소사! 난 당신을 사랑했어요. 그건 부당해요. 난 지금도 당신을 사랑해요. 평생 당신을 사랑할 거예요. 당신은 날 사랑하지 않나요?"

"응." 남자가 말했다. "난 안 그런 것 같소. 그래 본 적이 없어."

"해리! 무슨 얘기 하는 거예요? 정신 나갔군요?"

"아니. 나갈 정신도 없는 걸."

"그거 마시지 말아요." 그녀가 말했다. "여보, 제발 마시지 마세요. 우리가 할 수 있는 건 다 해봐야 하잖아요."

"당신이나 해." 그가 말했다. "난 지쳤어."

이제 그의 머릿속에 카라가치 기차역이 떠올랐고 그가 가방을 매고 서 있었다. 지금 심플론 오리엔트*의 전조등이 어둠을 가르고 있었고 그는 퇴각 이후 트라키아†를 떠나고 있는 중이었다. 이것은 그가 쓰려고 아껴 뒀던 이야기들 중 하나였다. 거기에 더하여 불가리아에서 아침 식사 때 창밖을 보다가 산에 쌓인 눈을 바라보면서 난센의 비서가 노인에게 저것이 눈인지 아닌지 묻자 노인은 그것을 보고 "네, 저건 눈이 아닙니다. 눈이 내리기에는 너무 이르죠." 라고 말했다는 얘기도 그중 하나다. 그 비서는 다른 여자들에게 "아니래. 알겠지? 저건 눈이 아니래."라고 되풀이 말했다. 그들 모두 "저건 눈이 아니래. 우리가 잘못 안 거야."라고 말했단다. 하지만 그것은 틀림없이 눈이었고  주민 교환이 진행될 때 그는 여자들을 그곳으로 보냈다. 그리고 그해 겨울 그들이 죽을 때까지 밟고 다녔던 것은 눈이었다.

그해 크리스마스 주간 내내 가우어탈에 내렸던 것 역시 눈이었

---

* Simplon Orient: 파리에서 이스탄불까지 1883~1977년에 80년 이상 운행된 고급 열차.
† 발칸 반도의 에게 해 북동 해안 지방.

다. 그들은 도자기 재질의 네모나고 큼직한 난로가 방 절반을 차지하는 나무꾼 숙소에서 지내며 너도밤나무 잎으로 가득 채운 매트리스에서 잤다. 그 즈음 발이 피투성이가 되어 눈 속을 헤치며 나타난 도망병이 있었다. 그는 헌병이 바로 뒤쫓아 온다고 말했고 그들은 그에게 양모 양말을 건넸고, 발자국 위에 눈이 쌓여 지워질 때까지 헌병들에게 이야기를 시키면서 붙잡아 두었다.

슈룬츠에서는 크리스마스 날, 술집에서 밖을 내다보며 교회에서 귀가하는 사람들을 하나하나 지켜봤는데, 하얀 눈이 하도 빛나서 눈이 시릴 정도였다. 스키를 어깨에 짊어진 사람들은 가파른 소나무 언덕을 낀 강가를 따라 썰매로 반들반들해져 노란 소변 색이나는 도로를 걸어갔고, 마들레너 산장 위의 얼음 같은 눈 위를 멋지게 달려 내려갔다. 설탕 입힌 케이크처럼 부드러워 보이고 분말처럼 가벼운 눈, 그리고 그는 새처럼 아래로 내려올 때 그 속도가만들어낸 소리 없는 질주를 기억했다.

그 당시, 그들은 눈보라가 몰아치는 가운데 마들레너 산장에서한 주 동안 눈에 갇혀 지냈다. 랜턴 불빛 옆 자욱한 담배 연기 속에서 카드놀이를 하면서 말이다. 헤르 렌트 씨가 돈을 많이 잃을 때면 매번 판돈이 점점 커졌다. 결국 그는 가진 돈을 전부 잃고 말았다. 스키강습으로 번 돈이며 그 시즌의 수익에 자본금까지 몽땅 말이다. 코가 긴 렌트 씨가 카드를 뽑아 들고 바로 펼치던 모습이 떠올랐다. 판을 직접 보지 않고, 머릿속으로 게임을 하는 일명 "상 브아르" 말이다. 그 후로 늘 도박판이 벌어졌다. 눈이 오지 않아도 도박을 했고 눈이 너무 와도 도박을 했다. 그는 살면서 도박을 하며 보낸 그 모든 시간들에 대해 생각했다.

하지만 그는 이런 이야기를 한 번도 쓴 적이 없었다. 게다가 그 춥고 눈부셨던 크리스마스 날 바커가 비행기를 타고 오스트리아 장교들의 휴가 열차를 폭파시키고 그들이 황급히 흩어져 도망갈 때 그들에게 기관총을 난사하며, 전선을 횡단했던 그 평원 너머 보이는 산들에 대해서도 쓴 적이 없었다. 나중에 바커가 식당으로 들어와 그 이야기를 시작한 게 생각났다. 당시 주변이 너무나 조용해졌고 누군가가 이런 말을 했다. "이 염병할 살인자 새끼야."

그가 후에 같이 스키를 탔던 사람들이 그때 그들이 죽였던 같은 오스트리아인들이었다. 아니, 똑같은 사람은 아니다. 그해 내내 그와 함께 스키를 탔던 한스는 카이저 경보병대에 있었으니까. 그리고 그들은 제재소 위쪽 작은 계곡에서 토끼 사냥을 하면서 파수비오 전투, 페르티카라와 아살로네 공격에 대한 이야기를 나눴지만 그는 그런 이야기들도 쓴 적이 없었다. 몬테 코로나나 세테 코무니, 아르시에로에 대해서도 마찬가지였다.

그는 포어아를베르그 산과 아를베르그 산에서 몇 번의 겨울을 보냈던가? 네 번이었다. 당시 선물을 사기 위해 블루덴츠로 걸어가다 만난, 여우를 팔러 나온 남자와 체리 씨 맛이 나는 맛있는 키르시*, 딱딱한 표면 위에 쌓인 가루눈이 계속해서 흩날리던 모습도 생각났다. 사람들은 "하이! 호! 롤리는 말했지"라고 노래를 부르면서 가파른 비탈길을 따라 마지막 구간을 직선으로 내려와 과수원

---

* 체리로 만든 독한 술.

을 세 번쯤 돌고 배수로를 지나 여관 뒤쪽 얼음으로 뒤덮인 도로까지 스키를 타고 내려갔다. 스키 바인딩을 느슨하게 풀고 스키를 벗어 여관 나무 벽에 기대 놓았다. 전등 불빛이 창문을 통해 비쳤고 집안에서는 새 와인의 향기가 풍기는 연기 자욱한 온기 속에서 사람들이 아코디언을 연주하고 있었다.

"우리가 파리 어디에 묵었었지?" 아프리카에서 이제 그의 옆 캔버스 천 의자에 앉아 있는 여자에게 그가 물었다.

"크리용에서요. 당신도 알잖아요."

"어째서 내가 그걸 알지?"

"우리가 늘 거기서 지냈으니까요."

"아니. 늘은 아니지."

"거기랑 생제르맹에 있는 파비용 앙리 카트르에서요. 당신 그곳을 사랑한다고 했잖아요."

"사랑은 똥 더미야." 해리가 말했다. "그리고 난 그 위에 올라가 꼬끼오 울어대는 수탉이고."

"만에 하나 당신이 죽는다 해도," 그녀가 말했다. "당신이 남긴 모든 걸 완전히 없앨 필요가 있을까요? 그러니까 모든 걸 버려야 하나요? 당신 말과 아내까지 죽이고 안장과 갑옷까지 불태워야 하느냔 말이에요?"

"그래." 그가 말했다. "당신의 그 빌어먹을 돈이 내 갑옷이었어. 내 스위프트고 내 아머라고"

"그러지 말아요."

"좋아. 그만 할게. 당신한테 상처 주고 싶진 않아."

"이젠 좀 늦었네요."

"그럼 좋아. 계속 상처를 주지. 그게 더 재미있겠군. 내가 당신이랑 유일하게 즐겨 했던 그걸 이제 할 수 없으니 말이야."

"아니, 그렇지 않아요. 당신은 많은 걸 하고 싶어 했고 당신이 하고 싶어 하는 일이라면 나도 전부 했다고요."

"이런! 제발 공치사 좀 그만 늘어놔."

그가 그녀를 쳐다보니 울고 있었다.

"잘 들어." 그가 말했다. "내가 재미로 이러는 것 같아? 나도 내가 왜 이러는지 모르겠어. 살고 싶어 안달하고 있는 것 같아. 우리 이야기를 시작할 때는 괜찮았어. 나도 이러려고 시작한 건 아니니까. 이제 나는 멍청이처럼 미쳐 버렸고 있는 대로 당신에게 잔인하게 굴고 있어. 내가 무슨 말을 지껄이든 신경 쓰지 마, 여보. 난 당신을 사랑해. 진심이야. 알잖아. 내가 당신을 사랑한다는 거. 난 당신만큼 다른 누군가를 사랑해 본 적도 없어."

그는 밥벌이 수단인 익숙한 거짓말로 빠져 들었다.

"당신은 내게 참 다정해요."

"나쁜 년." 그가 말했다. "이 돈 많은 암캐. 그건 시야. 이제 내 머릿속은 시로 꽉 찼어. 헛소리와 시. 헛소리 같은 시 말이야."

---

* 스위프트(Swift)와 아머(Armour)는 기업 경영인이다.

"그만 해요. 해리, 어쩌자고 이젠 악마로 변하는 거죠?"

"아무것도 남겨 두기 싫어." 남자가 말했다. "남기고 싶지 않다고."

이제 저녁이었고 그는 잠이 들었다. 해는 산등성이 너머로 사라졌고 평원 전체에 어둠이 짙게 내려앉았다. 작은 동물들이 캠프 근처에서 먹이를 먹고 있었다. 그는 녀석들이 머리를 재빠르게 낮추고 꼬리를 흔들면서 이젠 덤불에서 멀리 떨어져 나와 있는 것을 지켜보았다. 새들은 더 이상 땅에서 기다리지 않았다. 녀석들은 나무 위에 무겁게 자리를 잡고 앉았다. 수가 좀 더 많이 늘었다. 그의 시중을 드는 소년이 침대 옆에 앉는 중이었다.

"마님은 사냥하러 가셨어요." 소년이 말했다. "주인님, 필요하신 거 있으세요?"

"없어."

그녀는 고기거리를 잡으러 갔다. 그가 사냥 구경을 얼마나 좋아하는지 잘 알고 있지만 그가 볼 수 있는 평원의 이 조그만 지역을 소란스럽게 하지 않으려고 그녀는 먼 곳으로 갔다. 생각이 깊은 사람이야, 그는 생각했다. 그녀가 알고 있거나 읽고 들은 것들에 대해서.

그녀를 만났을 무렵 그가 이미 폐인이었던 건 그녀 잘못이 아니다. 남자가 하는 말에 아무 의미가 없으며 그저 습관적으로, 맘 편하자고 내뱉은 말이라는 걸 대체 어느 여자가 알 수 있겠는가? 자기가 한 말에 더 이상 의미를 두지 않기 시작하면서부터 그의 거짓말은 진실을 말할 때보다 여자들에게 더 잘 먹혔다.

그가 거짓말을 했다기보다는 오히려 말할 진실이 없었다는 편이 더 정확할 것이다. 그는 제 생활을 즐기다가 그것이 시들해지면 다시 다른 사람들과 함께 더 많은 돈을 가지고, 예전에 갔던 곳 중 최고의 장소와 몇몇 새로운 곳에서 다시 삶을 계속 이어갔다.

생각을 하지 않으니 모든 게 기가 막히게 좋았다. 맘도 편하다 보니 그런 식으로, 그러니까 대부분의 사람들이 그랬던 것처럼 허물어지지도 않았고, 전에 하던 일을 더 이상 할 수 없을 때는 그 일에 관심 없는 척했다. 하지만 내심 이런 사람들, 갑부들에 대해 글을 써보리라, 실제로 자기는 그들 중 한 사람이 아닌 그들 세계에 들어간 스파이며, 그곳을 떠나면 그곳에 대해 쓸 것이고, 이번에는 자기가 쓰려고 하는 것에 대해 알고 있는 사람에 의해 그 얘기가 쓰일 거라고 생각했다. 하지만 그렇게 하지 못했다. 매일 글은 쓰지 않고 요령이나 피우면서 자기를 경멸하며 제 능력을 깎아 먹고 일할 의지를 꺾어 버리는 짓이나 하고 돌아다니면서 결국에는 일을 전혀 하지 않았기 때문이다. 지금 그가 알고 있는 사람들은 그가 일을 하지 않을 때 훨씬 더 편안해 했다. 아프리카는 그가 한창 때 가장 행복하게 지내던 곳이었기 때문에, 그는 다시 시작하려고 이곳 변방으로 왔다. 사람들은 편안함을 최소한으로 줄여 이 사파리 여행을 계획했다. 힘든 점은 없었지만 호사도 없었고 그는 이런 식으로 다시 훈련을 시작할 수 있다고 생각했다. 어떤 점에서 보면, 그가 이런 식으로 자신의 영혼에서 지방을 빼려고 하는 것은 권투 선수가 운동과 훈련으로 제 몸에서 지방을 태우려고 산으로 가는 것과 일맥상통했다.

그녀는 그걸 반겼다. 그런 태도가 너무 마음에 든다고 했다. 그녀는 신나는 일, 환경을 바꿔 새로운 사람들을 만나고 즐거운 일들이 펼쳐지는 곳과 관련된 것은 무엇이든 사랑했다. 그리고 그는 일할 의지가 다시 생길 거라는 착각에 빠졌다. 그렇다면, 설령 이렇게 끝난다 해도, 그렇다는 걸 알았다 해도, 등뼈가 부러졌다고 자신을 무는 뱀처럼 돌변해선 안 된다. 그것은 이 여자 잘못이 아니니까. 만일 이 여자가 아니었다면 다른 여자였겠지. 거짓말로 먹고 살았다면, 죽을 때도 그렇게 해야 할 것이다. 언덕 너머에서 총소리가 들렸다.

그녀는 총을 아주 잘 쐈다. 이 멋지고 돈 많은 암캐, 친절한 보호자이면서 그의 재능의 파괴자. 말도 안 되는 소리. 그는 스스로 자기 재능을 파괴했다. 그녀가 그를 잘 돌봐 줬다고 어째서 그녀를 탓해야 한단 말인가? 그는 자기 재능을 사용하지도 않음으로써 자기 자신과 자신이 믿는 것을 배신함으로써, 날카롭던 통찰력을 무디게 할 정도로 폭음을 함으로써, 게으름과 나태로, 속물근성으로, 오만과 편견으로 갖가지 방법으로 자신의 재능을 파괴해 버렸다. 도대체 이게 뭐야? 헌책들의 목록? 아무튼 그의 재능은 무엇이었을까? 그것은 괜찮은 재능이었지만 그는 그것을 사용하는 대신 부당하게 이용했다. 그는 그것을 사용해 본 적이 없지만 언제든 사용할 수 있었다. 그는 펜이나 연필 대신 그 밖의 다른 것으로 생계를 꾸려 나가기로 결정했다. 참 신기하게도, 그는 여자와 사랑에 빠지면 그 여자는 가장 최근 여자보다 돈이 항상 더 많았다. 신기하지 않은가! 하지만 이제 이 여자, 그러니까 여자들 중 돈이 가장 많은 여자, 가진 게 돈뿐인 여자, 남편과 아이도 있는 여자, 애인들도 있지만 그들에게 만족을 못하는 여자, 그를 작가로, 남자로, 친구로, 자랑스러운 소유물로 진정 사랑했던 이 여자를 그는 더 이상 사랑하지 않고 거짓말만 하고 있을 때, 그녀를 전혀 사랑하지 않고 거짓말을 했을 때가, 그녀를 진심으로 사랑했을 때보다 그녀의 돈 때문에 그녀에게 더 많은 것을 줄 수 있다니 신기할 따름이다.

우리 모두 자기가 하는 일에 적임자임에 틀림없다고 그는 생각했다. 어떤 식으로 생계를 꾸리든 그것은 제 능력에 달려 있다. 그는 평생 이런 저런 형태로 정력을 팔아 왔고 그다지 정이 가지 않을 때는 돈에 더 많은 가치를 두었다. 그 사실을 깨달았지만 그는 지금 또한 그것에 대해 글은 쓰지 않을 작정이다. 아니, 그는 그것이 제아무리 쓸 만한 가치가 있더라도 쓰지 않을 것이다.

그때 그녀가 나타났고 들판을 지나 캠프를 향해 걸어왔다. 그녀는 승마 바지를 입고 엽총을 들고 있었다. 하인 두 명이 톰슨가젤을 어깨에 짊어지고 그녀 뒤를 따라오고 있었다. 여전히 멋져, 그가 생각했다. 게다가 몸매도 매력적이야. 그녀는 잠자리에서도 대단한 능력과 진가를 발휘했다. 예쁘지는 않지만 그는 그녀의 얼굴을 좋아했고 그녀는 독서광인데다 승마와 사냥을 좋아했으며 물론 술도 아주 잘 마셨다. 그녀의 남편은 그녀가 비교

적 젊은 나이였을 때 죽었고, 한동안 그녀는 말들이 있는 마구간과 책, 술에 그리고 이미 자란 두 아이들에게 헌신했지만 아이들은 그녀를 필요로 하지 않았고 그녀가 주변에 있는 것을 어색해 했다. 그녀는 식사 전 저녁나절에 책을 즐겨 읽었고 책을 읽는 동안 스카치 소다를 마셨다. 저녁 식사 때쯤이면 이미 술에 거나하게 취해 있었고 식사 때 와인 한 병을 마신 후에는 대개 술에 곯아떨어졌다.

애인들이 생기기 전에는 그랬다. 애인을 사귄 후로는 술을 그다지 많이 마시지 않았는데, 잠들기 위해 취할 필요가 없었기 때문이다. 하지만 애인들은 그녀에게 따분했다. 따분하지 않은 남자와 결혼했지만 이 사람들이 이제는 너무 지루했다.

그러다가 두 자녀 중 한 명이 비행기 사고로 숨졌고 그 일이 있은 후 그녀는 애인을 원치 않았다. 술도 마취제가 아니었으므로 그녀는 또 다른 삶을 살아가야 했다. 갑자기 혼자라는 게 몹시 두려워졌다. 하지만 그녀는 자신이 존경할 만한 사람을 원했다.

시작은 아주 평범했다. 그녀는 그가 쓴 것을 좋아했고 그가 살아온 삶을 늘 부러워했다. 그는 자기가 원하는 바로 그런 삶을 살고 있다고 생각했던 것이다. 그녀가 그의 마음을 얻어 가는 과정과 마침내 그와 사랑에 빠졌던 상황은 모두 평범하게 진행되었고 그 속에서 그녀는 새 인생을 설계했고 그는 자신의 오래된 삶에 남아 있던 잔재들을 처분했다.

그는 안정과 안락한 삶을 위해 그것을 거래했고, 그것을 부정하지 않았다. 그 밖에 무슨 다른 이유가? 그는 알지 못했다. 그녀는 그가 원하는 거라면 뭐든지 사줬을 것이다. 그는 그걸 알고 있었다. 그녀는 또한 끝내 주게 멋진 여자였다. 그는 다른 사람처럼 그녀와도 바로 잠자리를 가졌다. 그녀와는 다소 빨랐는데 그녀는 더 부자였고 아주 유쾌하고 안목도 있었으며 큰 소동을 부린 적도 없었기 때문이다. 그런데 이제 그녀가 재설계한 인생의 끝이 다가오고 있었다. 2주 전, 대형 영양 무리의 사진을 찍으려 앞으로 이동하던 중 그의 무릎에 가시가 긁혔는데, 그때 소독약을 바르지 않았기 때문이다. 그 영양들은 고개를 쳐들고는 콧구멍으로 분위기를 살피며 귀를 활짝 펼친 채, 무슨 소리라도 들리면 덤불속으로 냅다 튈 기세로 앞을 응시하고 있었다. 녀석들은 또한 그가 사진을 찍기 전에 쏜살 같이 달아났다.

이제 그녀가 여기 있었다.

그는 간이침대 쪽으로 고개를 돌려 그녀를 바라보았다. "다녀왔어?" 그가 말했다.

"수놈 톰슨가젤 한 마리를 잡았어요." 그녀가 그에게 말했다. "맛있는 스프거리가 될 거예요. 하인들에게 감자 몇 개를 으깨 클림*과 섞으라고 시킬게요. 기분 어때요?"

"훨씬 나아졌어."

"그거 반가운 얘기네요. 그럴 거라 생각했어요. 내가 나갈 때 당신 자고 있었거든요."

"푹 잤어. 멀리 갔다 왔어?"

_____
* 네슬레에서 판매하는 분유의 일종.

"아뇨. 언덕 뒤쪽까지만. 톰슨가젤을 꽤 잘 맞혔어요."

"당신, 총 솜씨 대단하네."

"난 사냥이 좋아요. 아프리카도 사랑하고. 진짜. 만약 당신만 괜찮으면 이게 가장 재미있는 일인데. 당신과 사냥하는 게 얼마나 즐거운 일인지 당신은 모를 걸요. 나는 이 나라가 너무 좋았어요."

"나도 무척 좋아해."

"여보! 당신 기분이 훨씬 나아진 것 같아서 얼마나 좋은지 몰라요. 당신이 아까 같은 기분이었을 때는 못 견디겠더라고요. 다시는 그런 식으로 말하지 말아요. 약속하죠?"

"아니." 그가 말했다. "내가 무슨 말을 했는지 기억이 안나."

"당신은 나를 무너뜨릴 필요가 없어요. 알았죠? 난 그저 당신을 사랑하고 당신이 원하는 걸 해주고 싶은 중년 여자일 뿐이라고요. 나는 이미 두세 번 무너졌어요. 다시 나를 무너뜨리고 싶진 않겠죠?"

"나는 당신을 침대에서 여러 번 무너뜨리고 싶은데." 그가 말했다.

"그래요. 그런 무너짐이라면 환영이죠. 우리는 그런 식으로 무너지도록 만들어졌어요. 내일쯤 비행기가 이곳에 올 거예요."

"당신이 어떻게 알아?"

"확실해요. 반드시 와요. 일꾼들이 연기를 피우도록 나무와 풀을 이미 준비해 뒀어요. 오늘 내려가서 한 번 더 확인했어요. 착륙할 여유 공간도 충분하고 양쪽 끝에서 연기를 피울 준비도

해뒀어요.”

“어째서 당신은 비행기가 내일 올 거라고 생각하지?”

“틀림없이 올 거예요. 이미 왔어야 해요. 그럼 그때 시내에서 당신 다리를 치료한 다음 무너져 보죠. 그런 지겨운 얘기는 말고요.”

“우리 술 한잔 해야 하잖아? 해도 졌는데.”

“그래야 한다고 생각해요?”

“난 한잔 할 거야.”

“같이 한잔 마셔요. 몰로! 레티 두이* 위스키소다!” 그녀가 소리쳤다.

“당신 모기 부츠를 신는 게 낫겠어.” 그가 그녀에게 말했다.

“목욕하고 나서……..”

점점 어두워지자 그들은 술을 마셨고 완전히 캄캄해지기 직전, 총을 쏠 수 없을 만큼 어두워졌을 때, 하이에나 한 마리가 언덕 주변을 어슬렁거리며 들판을 가로질렀다.

“저 녀석이 매일 밤 저기를 지나가네.” 남자가 말했다. “2주 동안 밤마다.”

“녀석이 밤에 시끄러운 소리를 내는 주범이군요. 난 신경 안 써요. 하지만 녀석들은 더러운 동물이죠.”

함께 술을 마셨고, 한 자세로 누워 있는 불편함을 제외하면 이제 아무 통증도 없었다. 일꾼들은 불을 피웠고 그 그림자가 텐

---

* letti dui:두 잔 가져오라는 말.

트 위에서 넘실거렸다. 그는 이 유쾌한 굴복의 삶을 잠자코 따르고자 하는 마음이 되살아나는 것 같았다. 그녀는 그에게 지극 정성이었다. 오후 나절, 그는 잔인하고 부당했다. 그녀는 좋은 여자. 정말 최고다. 바로 그때, 자신이 죽을 거라는 생각이 그의 머리를 스치고 지나갔다.

그 생각은 갑작스레 들이닥쳤다. 물이나 바람이 들이닥치는 것과는 달랐다. 그것은 갑작스레 사악한 냄새를 풍기는 공허함의 급습이었고 이상한 것은 하이에나가 그것의 가장자리를 따라 살금살금 움직였다.

"왜 그래요? 해리!" 그녀가 그에게 물었다.

"아무것도 아니야." 그가 대답했다. "당신, 건너편으로 옮기는 편이 낫겠어. 바람이 부는 방향으로."

"몰로가 붕대 갈아줬어요?"

"응. 이제 붕산을 쓰고 있어."

"기분 어때요?"

"조금 불안하네."

"들어가서 목욕할래요." 그녀가 말했다. "금방 올게요. 같이 저녁 먹고 난 다음 침상을 안에 들여놓죠."

그는 혼잣말을 했다. 그만 다투길 아주 잘했어. 그는 이 여자와 심하게 다툰 적은 없지만 예전에 사랑했던 여자들과는 아주 심하게 다투는 바람에 결국, 언제나 그들과 함께 했던 것들은 다툼의 부식 작용으로 사라져 버렸다. 그는 너무 많이 사랑했고 너무 많은 것을 요구했으며 그 모든 것을 지쳐 버리게 했다.

그는 파리에서 싸운 후 집을 나가 콘스탄티노플에서 혼자 지내던 때를 생각했다. 날마다 매춘부와 관계를 가지면서도 그것이 끝나면 외로움이 사라지기는커녕 더욱 심해졌을 때, 자기를 떠난 첫 번째 여자에게 편지를 썼다. 허전함을 떨쳐 버릴 수 없다고…… 자기가 예전에 레장스 카페 밖에서 그녀를 봤다고 생각한 순간 그는 완전히 기절할 정도였고 마음이 너무 아팠다고, 그리고 어쩌다 큰 가로수 길에서 그녀를 닮은 여자를 뒤따라가다 그녀가 아닌 것을 알게 될까 봐, 그리고 그 여자가 자기에게 준 느낌을 잃게 될까 봐 두려웠다고. 자기와 잤던 사람들은 하나같이 그녀를 더욱 그립게 했다. 그녀를 사랑하는 마음을 없앨 수 없다는 걸 자기도 알기 때문에 그녀가 했던 행동은 결코 중요하지 않았다. 그는 클럽에서 정신이 말짱한 상태에서 이 편지를 썼고 파리에 있는 자기 사무실로 답장을 보내라며 편지를 뉴욕으로 보냈다. 그 편이 안전할 것 같았다. 그리고 그날 밤 공복의 메스꺼움을 느낄 정도로 그녀를 너무나 많이 그리워하면서 그는 레스토랑 막심 주변을 어슬렁거리다가 여자를 하나 잡아 늦은 저녁 식사에 데려 갔다. 그 후 그는 그녀와 함께 춤추는 곳에 갔지만 그녀는 춤을 잘 못 췄고, 그래서 그녀를 차 버리고 화끈한 아르메니아 매춘부를 만났는데, 그 매춘부는 자기 배가 거의 데일 정도로 그에게 찰싹 달라붙어 흔들어 댔다. 그는 싸움 끝에 영국 포병 중위한테서 그녀를 빼앗았다. 포병은 그에게 밖으로 나가자고 했고 그들은 어둠이 내린 밤에 자갈이 깔린 거리에서 싸웠다. 그는 포병의 턱 언저리를 두 번, 그것도 심하게 가격했고 그래도 그가 쓰러지지 않자 포병이 한판 붙으려고 한다는 것을 알아챘다. 포병은 그의 몸에 이어, 눈 옆을 가격했다. 그리고 다시 한 번 왼손을 휘둘러 가격했고 그에게 덤벼들어 코트를 잡아채다가 소매 부분을 찢었다. 그는 포병의 뒤통수를 두 차례나 몽둥이로 내려친 뒤 포병을 밀쳐 내면서 오른손으로 그를 흠씬 두들겨 팼다. 포병은 쓰러지면서 머리가 먼저 부딪쳤고, 헌병이 다가오는 소리에 그는 여자와 함께 달아났다. 그들은 택시를 타고 보스포루스 해협을 따라 리말리 히사로 향했다. 그렇게 그 주변을 돌아다니다가 추운 밤에 다시 돌아와 잠자리에 들었다. 그녀는 겉모습처럼 아주 노련해 보였지만 부드럽고 장미 꽃잎 같았고 달콤했으며 배는 매끈했고 가슴은 컸으며 엉덩이 밑에 베개를 바칠 필요가 없었다. 그리고 그는 첫 동이 트면서 그녀가 헝클어진 모습으로 일어나기 전 그녀를 떠났고 한쪽 소매 부분이 뜯겨 나갔기 때문에 코트를 들고 멍든 눈을 한 채 페라 궁에 도착했다.

그날 밤 그는 아나톨리아*로 향했고 그 여행 막판에 아편용으로 재배하는 양귀비 밭 전체를 온종일 돌아다녔던 일이 생각났다. 그때 갑자기 기분이 묘해지면서 급기야 거리 감각에 이상이 생겼는지, 어느 순간 새로 발령 받은 콘스탄티노스의 장교들과 함께 공격했던 곳에 있었다. 그 장교들은 쥐뿔 아는 게 하나도 없었고 포병대는 군대에 포를 발사했고 영국군 포격 지시관은 아이처럼 소리를 질러 댔다.

---

* 아시아 쪽 터키를 지칭함.

그 당시, 그는 흰색 발레 스커트에 방울 술이 달리고 끝이 위로 올라간 신발을 신고 죽은 사람들을 처음 보았다. 터키 군들은 굼뜨지만 계속해서 다가왔고, 그는 스커트를 입은 사람들이 도망치는 모습과 장교들이 그들에게 총을 쏘는 모습, 그 후 장교들도 도망가는 모습을 지켜보았다. 그리고 그와 영국군 포격 지시관 역시 폐가 따끔거리고 입 안에 단내가 가득할 때까지 뛰다가 바위 뒤에서 멈췄는데, 그곳으로 터키 군들이 여전히 굼뜨게 다가왔다. 나중에 그는 전혀 생각지도 못했던 일들을 겪게 되었고 그 후에는 더 심각한 장면들도 많이 보았다. 그래서 당시 그가 파리로 돌아왔을 때, 차마 그 얘기를 입에 담지도 못했고, 그것이 언급되는 것조차 못 견뎠다. 지나가던 어느 카페에서 그의 앞에 접시를 잔뜩 쌓아 둔, 미국 시인은 감자 같은 얼굴에 멍한 표정으로 어느 루마니아인과 다다이즘 운동에 대해 이야기를 나누고 있었는데, 그 루마니아인은 트리스탄 차라라는 사람으로 늘 외알 안경을 끼고 두통을 달고 살았다. 그리고 해리는 그때 다시 사랑의 감정을 느낀 아내와 함께 아파트로 돌아갔고, 싸움도, 광기도 다 끝났고 집에 오니 참 좋았다. 사무실에서는 그의 우편물을 아파트로 보냈다. 그러던 어느 날 아침 그가 썼던 편지의 답장이 접시 사이에 끼어 있었고 그 필체를 보았을 때 완전히 얼어붙은 그는 다른 접시 아래에 그 편지를 살짝 넣어 두려 했다. 그러자 아내가 "여보! 그 편지 누구한테서 온 거예요?" 하고 물었고 그것으로 그 시작은 끝나 버렸다.

그는 그들 모두와 보냈던 좋은 시간들, 그리고 그 싸움들을 잊지 못했다. 그들은 항상 싸우기 위한 최적의 장소들을 찾아냈다.

그리고 그들은 어째서 그의 기분이 최고일 때 항상 싸웠던 것일까? 그는 그것에 대해 어떤 이야기도 쓰지 않았는데, 처음에는 어느 누구에게도 상처를 주고 싶지 않았기 때문이고 나중에는 그 일 말고도 쓸 이야기가 충분한 것 같았기 때문이다. 하지만 결국에는 그 이야기를 쓰게 될 거라고 항상 생각해 왔다. 쓸 거리는 아주 많았다. 그는 세상이 변하는 것을 보았다. 단지 사건들뿐만 아니다. 그는 많은 것을 접했고 사람들도 많이 관찰했지만 좀 더 미묘한 변화를 감지했고 때에 따라 사람들이 어떻게 변하는지 깨닫게 되었다. 그는 그 변화 속에 있었고 그것을 지켜보았으며 그것에 대해 글을 쓰는 것이 그의 의무였다. 하지만 이제 그럴 수 없게 되었다.

"기분 어때요?" 그녀가 물었다. 그녀는 목욕을 끝낸 후 방금 텐트에서 나왔다.

"좋아."

"이제 먹을 수 있겠어요?" 그녀 뒤로 몰로가 접이식 식탁을, 다른 일꾼이 접시를 들고 있는 게 보였다.

"글을 쓰고 싶어." 그가 말했다.

"기운 차리려면 스프 좀 먹어야 해요."

"난 오늘 밤 죽을 거야." 그가 말했다. "기운을 차릴 필요가 없어."

"해리, 제발 지나치게 감상적으로 굴지 말아요. 제발." 그녀가 말했다.

"코는 뒀다 뭐해? 이제 허벅지의 반 이상이 썩어문드러졌다고. 뭣 때문에 내가 그 따위 스프나 먹으면서 바보짓을 해야 하냐고? 몰로! 위스키소다 가져와."

"제발 스프 좀 먹어요." 그녀가 다정하게 말했다.

"좋아."

스프는 너무 뜨거웠다. 그는 스프가 든 컵을 들고 있다가 먹을 수 있을 정도로 식힌 후 구역질도 하지 않고 그냥 삼켜 버렸다.

"당신 좋은 여자야." 그가 말했다. "내게 더 이상 신경 쓰지 마."

그녀는 술과 잠자리 때문에 얼굴이 약간 상했을 뿐, 〈스퍼〉와 〈타운 & 컨트리〉 같은 잡지에 실릴 만큼 너무나 사랑스러운 얼굴로 그를 바라보았다. 하지만 〈타운 & 컨트리〉에서는 그렇게 풍만한 가슴과 잘빠진 허벅지, 그리고 등을 부드럽게 애무하는 작은 손을 보여준 적이 없었다. 그가 그녀의 친숙하고 유쾌한 미소에 눈길이 미쳤을 때 다시 죽음이 다가오는 것을 느꼈다. 이번에는 어떤 급습도 없었다. 촛불이 잠깐 깜박이다가 다시 길어졌다 할 정도의 한번 획 부는 바람이었다.

"이따 모기장을 가져오라고 해서 그걸 나무에 걸고 모닥불을 피울 거야. 오늘 밤에는 텐트에 가지 않으려고. 움직일 이유가 없어. 쾌청한 밤이군. 비도 오지 않을 거야."

그래, 이렇게 죽는 것이다. 들리지 않는 속삭임들 속에서. 자, 이제 더 이상의 싸움은 없을 것이다. 장담할 수 있다. 그가 한 번도 겪어보지 못한 경험, 이제 그는 망치지 않을 것이다. 어쩌면 망칠지도 모른다. 넌 모든 걸 망쳤어. 하지만 그는 망치지 않을 지도 모른다.

"당신 받아쓰기 못하지?"

"배운 적 없어요." 그녀가 그에게 말했다.

"그럼 됐어."

물론 제대로만 하면 그것을 모두 한 문장 안에 밀어 넣어 압축할 수 있을 것도 같았지만 시간이 없었다.


호수 위 언덕 쪽에 회반죽으로 하얗게 틈을 메운 통나무집 한 채가 있었다. 문 옆 기둥에는 사람들에게 식사 시간을 알리기 위한 종이 달려 있었다. 집 뒤쪽에는 들판이 있고 그 들판 너머로 숲이 있었다. 쭉 늘어선 양버들이 그 집에서 부두까지 이어졌다. 다른 양버들도 곶을 따라 펼쳐졌다. 숲 가장자리를 따라 언덕까지 도로가 나 있고, 그는 그 도로를 따라 블랙베리들을 땄다. 그런데 그 통나무집에 화재가 났고 덮개 없는 벽난로 위 사슴 발걸이에 있던 총들도 전부 불타 버렸다. 탄창 속 총알도 녹아 버렸고 총신과 개머리판도 다 타버린 채, 커다란 철제 감화 가마에서 잿물을 만들기 위해 사용하던 잿더미 위에 나동그라져 있었다. 그리고 할아버지에게 그것들을 가지고 놀아도 되는지 묻자 안 된다고 하셨다. 여전히 그것들은 당신 총들이었고 할아버지는 다른 총들은 전혀 구입하지 않았다. 그는 더 이상 사냥도 할 수 없었다. 이제 같은 장소에 나무로 새 집을 지어 흰색으로 칠을 했고 현관에서 양버들과 저 멀리 호수가 보였지만 총은 한 자루도 없었다. 통나무집 벽 위 사슴 발에 걸려 있던 총의 총신들은 잿더미 위에 그대로 나뒹굴고 있었고 어느 누구도 그것을 건드리지 않았다.

전쟁이 끝난 후, 우리는 슈바르츠발트*에서 송어 낚시터를 빌렸는데 그곳으로 걸어가는 방법은 두 가지였다. 하나는 트리베르그에서 골짜기를 내려가 흰색 도로와 접해 있는 나무 그늘 속 계곡 길을 따라 가다가, 커다란 슈바르츠발트 주택들이 있는 작은 농장들을 지나 그 옆 언덕을 따라 위로 올라가면 측면도로가 나타난다. 그 도로를 타고 쭉 위로 올라가다 보면 강을 가로지를 때가 올 것이다. 그곳이 우리의 낚시질이 시작된 곳이었다.

다른 방법은 숲 가장자리 급경사를 오르다가 소나무 숲을 지나 언덕 꼭대기를 넘어가면 초원이 나타나고 이 초원을 가로질러 다리 쪽으로 내려가면 된다. 강을 따라 자작나무들이 늘어서 있는데, 그 강은 별로 크지 않고 좁았지만 강물은 맑고 유속도 빨랐다. 자작나무 뿌리 아래쪽에는 물살에 패인 웅덩이들이 있었다. 트리베르그의 호텔 주인에게는 좋은 시절이었다. 그곳은 아주 즐거웠고 우리는 모두 친한 친구였다. 그러나 다음 해에 인플레이션이 왔고 지난해에 그가 벌었던 돈으로는 물자를 사서 호텔을 꾸리는 것이 여의치 않아 결국 그는 목을 매달아 죽고 말았다.

이런 일들은 받아쓸 수 있겠지만 콩트레스카르프 광장 이야기는 받아쓸 수 없을 것이다. 이곳에서는 꽃장수들이 거리에서 꽃에 물을 들였고 그 염료가 포장도로에 흘러넘쳤으며, 그 도로로 버스가 처음으로 다니기 시작했다. 항상 와인과 질 낮은 마크†에 취해 있는 노인들과 여자들. 추위 때문에 콧물을 줄줄 흘리고 다니는 아

---

* Black Forest: 독일 남서부의 삼림 지대.
† 포도주를 만들고 남은 포도 찌꺼기로 만든 독한 술.

이들. 카페 데 자마퇴르에서 진동하는 더러운 땀과 빈곤, 취기의 악취. 그 아래층 발 뮈제트에 사는 매춘부들. 프랑스 공화국 근위대 기병을 자신의 칸막이 방으로 맞아들이고 그의 말털 장식이 달린 헬멧을 의자 위에 놓는 여자 관리인. 남편이 사이클 선수인 복도 건너편에 사는 세입자, 그리고 그날 아침 유제품 가게에서 그녀가 〈로토 L'Auto〉 잡지를 펼치며 남편이 자신의 첫 번째 큰 경기인 파리-뚜르*에서 3위에 입상한 것을 보고 그녀가 느꼈던 기쁨. 그녀는 황색 스포츠 신문을 들고 얼굴을 붉혔다가 웃더니 다시 울면서 위층으로 올라갔다. 발 뮈제트를 운영하는 여자의 남편은 택시 운전사였는데, 해리가 일찍 비행기를 타야 했을 때, 그 남편은 문을 두드려 그를 깨웠고 출발하기 전 두 사람은 술집 카운터에서 화이트 와인 한 잔씩을 마셨다. 그는 당시 그 지역에 사는 이웃들의 사정을 잘 알고 있었는데 그들 모두 가난했기 때문이다.

광장 주변에는 두 종류의 사람들이 있었다. 주정뱅이들과 스포츠를 좋아하는 사람들. 주정뱅이들은 그런 식으로 가난을 잊었고 스포츠를 좋아하는 사람들은 운동으로 그것을 지워 버렸다. 그들은 파리 코뮌†지지자들의 후손이었고 그들의 정치적 견해는 고민할 것도 없이 확실했다. 그들은 파리 코뮌 이후 베르사유 군대가 쳐들어와 도시를 점령하면서 자기 아버지와 친척, 형제들과 친구들에게 총을 쏜 사람이 누구인지, 그리고 손에 못이 박혔다든지 아니면

---

* Le Paris-Tours: 100년이 넘는 전통을 자랑하는 사이클 대회로 매년 10월 열린다.
† 1871년 프로이센·프랑스 전쟁에서 프랑스가 패배하고 나폴레옹 3세의 제2제정이 몰락하는 과정에서, 파리에서 일어난 민중 봉기.

모자를 썼거나 노동자라는 다른 표식이 있는 사람들을 모두 사형시켰던 사람이 누구인지 알고 있었다. 그리고 그는 그런 가난 속에서, 어느 말고기 전문점과 와인 조합이 있는 거리 건너편 지역에서 자기가 쓰고자 한 모든 이야기의 첫 부분을 썼다. 파리에서 그곳만큼 그가 사랑했던 곳은 없었다. 제멋대로 뻗어 있는 나무들, 아래 부분을 갈색으로 칠하고 흰색 회반죽을 바른 낡은 집들, 원형 광장에 있는 기다란 녹색 버스, 포장도로 위에 묻어 있는 보라색 꽃 염료, 카르디날 르무안 거리의 언덕에서 강으로 이어지는 급경사, 반대로 무프타르 거리의 좁고 북적이는 세상. 팡테옹을 향해 난 거리와 그가 늘 자전거를 타고 다녔던 또 다른 거리. 이 거리에는 그 지역 전체에서 유일하게 아스팔트가 깔려 있어 바퀴가 부드럽게 굴러갔고, 높고 좁은 집들과 프랑스 시인 폴 베를렌이 숨을 거둘 당시 묵었던 싸구려 고층 호텔들이 있었다. 사람들이 사는 아파트에는 방이 달랑 두 개뿐이었고, 폴 베를렌은 한 달에 60프랑 하는 호텔 꼭대기 층 방 하나를 얻어 그곳에서 작품을 썼다. 그 방에 있으면 지붕과 굴뚝, 파리의 나지막한 산들이 훤히 보였다.

아파트에 있으면 목재와 석탄 파는 가게만 보였다. 그곳에서 와인도 팔았는데, 질 나쁜 와인이었다. 말고기 전문점 밖에는 금색 말 머리상이 걸려 있고, 그곳의 열린 창문에 누런 황금빛과 붉은빛을 띤 말고기가 매달려 있었다. 그리고 사람들은 녹색으로 칠한 협동조합에서 맛좋고 값싼 와인을 구입했다. 그 외에 회반죽벽과 이웃집 창문이 보였다. 밤에 누군가 술에 취해 거리에 쓰러진 채 널리 알려진 프랑스인 특유의 취기가 사라졌다며 한탄하거나 투덜대면,

동네 사람들은 창문을 열고 수군대곤 했다.

"대체 경찰은 어디 있는 거야? 그놈은 필요 없을 때만 꼭 거기 있더라. 어떤 여자 관리인이랑 붙어 있을 걸. 지배인 불러!" 누군가 물 한 양동이를 창밖으로 퍼붓자 투덜대는 소리가 멈췄다. "저거 뭐야? 물이잖아. 이야! 똑똑한데." 그리고 창문들이 닫혔다. 해리의 파출부인 마리는 하루 8시간 노동에 대해 항의하며 이렇게 주장했다. "남편이 6시까지 일하면 집에 오는 길에 술을 조금만 마시니 돈을 펑펑 쓸 일이 없죠. 그런데 5시까지만 일하게 되면 밤마다 술에 취해 돈이 남아나질 않아요. 이렇게 시간이 짧아져서 고통 받는 사람은 결국 일하는 남자들의 마누라들이라고요."

"스프 좀 더 먹어요?" 이제 여자가 남자에게 물었다.

"아니야, 너무 고마워. 진짜 맛있군."

"좀 더 먹어봐요."

"위스키소다가 먹고 싶은데."

"몸에 안 좋다니까요."

"그래. 나한테 안 좋아. 콜 포터가 작사 작곡을 했을 거야. 나 때문에 미쳐 갈 거라는 그런 내용이었지.

"알잖아요. 난 당신 술 먹는 거 좋아해요."

"아 그래. 그저 내 몸에 해롭다는 거잖아."

그녀가 가 버리면 내가 원하는 건 뭐든 할 수 있겠지. 그는 생각했다. 물론 내가 원하는 모든 건 아니겠지만, 여기 있는 건 뭐든 말이야. 아! 그는 피곤했다. 너무 피곤해. 잠시 눈 좀 붙일 생각이었다. 그는 조용히 누워 있었고 죽음은 거기 없었다. 분명 다른 거리를 쏘다니고 있을 것이다. 그것은 자전거를 타고 짝을 지어 다녔고 포장도로 위를 아주 조용히 움직였다.

없었다, 그는 파리에 대해 한 번도 쓴 적이 없었다. 그가 관심 갖던 파리에 대해서. 그렇다면 그가 한 번도 쓴 적 없는 것들은 어떨까?

목장과 은회색의 산쑥 지대, 관개수로를 흐르는 물살이 빠른 맑은 물, 짙은 녹색의 자주개자리*들은 어떨까. 언덕 위로 작은 길이 나 있고 여름철에 소들은 사슴처럼 겁이 많았다. 가을에 녀석들을 데리고 내려올 때 시끄럽게 끊임없이 울어대는 소리와 먼지를 일으키며 느릿느릿 이동하는 소떼들, 석양빛 속에 선명하게 보이는 산 너머 가파른 산봉우리, 골짜기 전체를 밝게 비쳐주는 달빛을 받으며 내려왔던 오솔길, 이제 어두워 아무것도 보이지 않으면 말 꼬리를 잡은 채 캄캄한 숲속을 내려왔던 일 등, 그가 쓰려고 생각했던 이야기들이 전부 떠올랐다.

당시 목장에 남아 아무도 건초에 손도 못 대게 하라는 지시를 받은 잔심부름하는 멍청한 소년, 그리고 예전에 그 소년을 부리면서 때리기도 했던 포크스 집안의 늙은이가 사료를 얻으러 들렀던 이야기도 있었다. 소년이 거절하자 노인은 또 때릴 거라고 엄포를 놓았다. 노인이 헛간으로 들어가려 하자 소년이 부엌에서 권총을

---

* 사료 작물인 콩과(科) 식물.

가져와 그를 쏘았고, 사람들이 목장으로 돌아왔을 때 노인은 울타리 안에서 꽁꽁 언 채로 죽은 지 일주일이 지난 상태였다. 주검 일부는 개들이 뜯어먹었다. 당신은 남은 부분을 모포로 싸서 밧줄로 묶음 다음 썰매에 싣고 소년에게 그것을 끄는 걸 도와 달라고 부탁했다. 스키를 신고 썰매를 도로로 끌어낸 다음 60마일 떨어져 있는 시내로 가서 소년을 경찰에 넘겼다. 소년은 체포될 거라고는 상상도 못했다. 자신의 의무를 다 했고 당신이 친구이며 사례금을 받을 거라고 생각했다. 그는 노인이 얼마나 악질이었는지 그리고 자기 것도 아닌 사료를 어떻게 훔치려고 했는지 사람들에게 알릴 수 있다는 생각에 노인을 끌고 가는 것을 도와줬던 것이다. 그래서 보안관이 소년에게 수갑을 채웠을 때, 도저히 믿을 수가 없었다. 그러면서 그는 울기 시작했다. 이것도 그가 쓰려고 아껴 뒀던 이야기다. 그는 그곳에서 겪은 최소한 스무 가지의 재미있는 이야기들을 알고 있었지만 단 한 번도 쓴 적이 없었다. 왜 그랬을까?

"사람들에게 이유를 알려줘." 그가 말했다.

"무슨 이유요?"

"아무것도 아냐."

그녀는 그를 만난 이후부터 이제 술을 많이 마시지 않았다. 하지만 자신이 산다 해도, 그녀에 대한 글은 쓰지 않을 거라는 걸 그는 이제 깨달았다. 그들 중 어느 누구에 대해서도 쓰지 않을 것이다. 돈 많은 사람들은 재미도 없는데다 술도 너무 많이 마시고, 주사위 놀이에 푹 빠져 살았다. 그들은 재미없고 지루하게 반복된 생활을 했다. 그는 가난한 줄리앙과 돈 많은 사람들에 대한 그의 낭만적인 경외감, 그리고 한때 그가 "갑부들은 당신이나 나와는 다르다."로 시작하는 소설을 썼던 일이 생각났다. 그리고 누군가 줄리앙에게 "그렇죠. 그들은 우리보다 돈이 더 많잖아요." 라고 말했던 것도 기억났다. 하지만 줄리앙은 그 말이 전혀 재미있지 않았다. 그는 갑부들이 매력 넘치는 특별한 부류라고 생각했고 그러다가 그렇지 않다는 걸 깨닫게 되면서, 그를 망가뜨린 다른 모든 것들과 마찬가지로 그를 만신창이로 만들고 말았다.

해리는 만신창이가 된 그런 사람들을 경멸했다. 뭔가를 이해한다고 해서 반드시 좋아해야 하는 건 아니다. 그는 뭐든 이겨낼 수 있다고 생각했다. 그가 신경 쓰지 않는 한, 그 어떤 것도 그를 괴롭힐 수 없기 때문이다.

맞다. 이제 그는 죽음에 관해 신경 쓰지 않기로 했다. 그가 늘 두려워했던 한 가지는 통증이었다. 그는 누구 못지않게 통증을 잘 견딜 수 있었다. 통증이 너무 오래 지속되어 그를 지치게 만들지 않는 한 말이다. 하지만 이곳에서 그는 몹시 고통스러운 뭔가를 느꼈고 그것이 자신을 끝장낼 거라고 느끼는 찰나, 고통이 사라졌다.


오래 전, 척탄병 장교 윌리엄슨이 밤에 철조망을 넘어 안으로 들어가려다가 독일 순찰대의 어떤 병사가 던진 수류탄에 맞고, 사람들에게 자기를 죽여 달라고 애걸복걸하며 소리쳤던 일이 떠올랐다. 그는 말도 안 되는 허풍쟁이였지만 살집도 있고 아주 용감하고 훌륭한 장교였다. 그런데 그날 밤 철조망에 걸렸고 환한 조명등이 그를 비추는 가운데 그의 내장이 철조망으로 흘러 내렸다. 그래서 사람들이 그를 산 채로 데려올 때, 내장을 잘라 내야 했다. 나를 쏴. 해리. 제발 나를 쏘라고. 그들은 언젠가 하나님은 감내할 수 없는 것은 어떤 것도 보내시지 않는다는 문제에 대해 논쟁을 벌인 적이 있었는데, 그건 어느 순간이 되면 고통이 저절로 사라진다는 의미로 보는 사람도 있었다. 하지만 그는 그날 밤의 윌리엄슨을 잊을 수가 없었다. 윌리엄슨의 통증은 사라질 기미가 보이지 않았고, 결국 해리는 자신이 사용하려고 늘 아껴 두었던 모르핀 알약을 윌리엄스에게 전부 먹였다. 약효는 바로 나타나지 않았다.

그럼에도 불구하고 지금 그가 겪는 이것은 아주 수월한 편이었다. 만일 계속 이 상태로 더 악화되지만 않는다면 걱정할 게 없었다. 좀 더 괜찮은 사람과 있었으면 좋겠다는 것 빼고는.

그는 함께 있고 싶은 사람에 대해 잠깐 생각했다.

아니야. 그는 생각했다. 무슨 일이든, 너무 오래 걸리고 너무 지체되면, 사람들이 여전히 거기 있어 주기를 기대해선 안 된다. 사람들은 모두 가 버렸다. 파티는 끝났고 당신은 이제 안주인과 함께 있다.

다른 모든 것들처럼 죽는 것도 점점 지겨워지네, 그가 생각했다.

"지겨워." 그는 큰소리로 말했다.

"뭐가요?"

"염병할 너무 질질 끄는 일들 전부 다."

그는 자기와 모닥불 사이에 있는 그녀 얼굴을 바라보았다. 그녀는 의자에 기대 있었고 모닥불이 보기 좋게 주름진 그녀의 얼굴을 비췄다. 그가 보기에 그녀는 졸린 것 같았다. 모닥불 바로 근처에서 하이에나 소리가 들렸다.

"계속 글을 쓰고 있었지." 그는 말했다. "하지만 이젠 지쳤어."

"잘 수 있겠어요?"

"물론이지. 당신도 자는 게 어때?"

"난 당신과 여기 앉아 있는 게 좋아요."

"기분이 이상하지 않아?" 그가 그녀에게 물었다.

"아뇨. 약간 졸린 것 빼곤."

"난 이상한데." 그가 말했다.

그는 다시금 죽음이 다가온 듯한 느낌이 들었다.

"알다시피 내가 잃어버리지 않은 딱 하나는 호기심뿐이야." 그는 그녀에게 말했다.

"당신은 아무것도 잃어버리지 않았어요. 당신은 내가 알고 있는 남자 중 가장 완벽한 남자라고요."

"맙소사." 그가 말했다. "여자들이란 너무 몰라. 그게 뭐야? 당신 직감?"

왜냐하면 바로 그때, 죽음이 다가와 간이침대 발치에 머리를 받치고 있었고, 그는 죽음의 숨 냄새를 맡을 수 있었기 때문이다.

"'큰 낫이나 두개골' 같은 건 절대 믿지 마." 그가 그녀에게 말

---

* 서양 중세 시대의 죽음의 상징.

했다. "그것은 어쩌면 자전거 탄 두 명의 경찰관일 수도 있고 새일 수도 있지. 아니면 하이에나처럼 넓은 주둥이를 가지고 있을수도 있어."

이제 죽음은 그의 위로 올라왔지만 더 이상 어떤 형태도 없었다. 그것은 그저 공간만 차지했다.

"꺼지라고 말해 줘."

죽음은 사라지기는커녕 더 가까이 다가왔다.

"입 냄새 한번 지독하군." 그가 죽음에게 말했다. "이 역겨운자식."

죽음은 계속해서 그에게 점점 가까이 다가왔고 이제 그는 죽음에게 아무 말도 할 수 없었다. 그가 자기에게 말을 할 수 없다는 걸 알게 된 죽음은 좀 더 가까이 다가갔고, 이제 그는 말없이죽음을 멀리 보내려 했지만 그것은 그의 몸 위로 움직이면서 그무게 전체로 그의 가슴을 짓눌렀다. 죽음이 거기에 쭈그리고 앉아 있어 그는 움직일 수도, 말을 할 수도 없었다. 그때 여자의 말소리가 들렸다. "이런, 브와나가 잠들었네. 침상을 아주 살살 들어서 텐트 안으로 옮겨."

그는 그녀에게 죽음을 꺼지게 해 달라고 말할 수도 없었고, 쭈그리고 있는 죽음은 이제 더 무거워져서 그는 숨조차 쉴 수 없었다. 그런데 사람들이 침상을 들어 올리는 순간 갑자기 편안해졌고 가슴을 짓누르던 무게감도 사라졌다.

아침이었고 날이 밝은 지 한참 되었다. 그는 비행기 소리를 들었다. 비행기는 아주 작게 보였고 큰 원을 그리며 빙빙 돌았다. 하인들은 달려 나와 등유를 사용해서 불을 피우고 풀을 쌓아 올렸다. 그렇게 해서 평평한 장소 양 가장자리에 두 개의 커다란 모닥불이 생겼고 아침 산들바람에 모닥불이 캠프 쪽으로 흩날렸다. 비행기는 두 번 더 빙빙 돌더니 이번에는 낮게 돌다가 미끄러져 내려오며 수평비행을 한 후 순조롭게 착륙했다. 그를 향해 걸어오고 있는 사람은 바지에 트위드 재킷을 걸치고 갈색 펠트 모자를 쓴 옛 친구 콤프턴이었다.

"이봐. 어떻게 된 거야?" 콤프턴이 물었다.

"다리가 안 좋아." 그가 콤프턴에게 말했다. "자네 아침 식사 하겠나?"

"고맙지만, 차나 좀 마실게. 저건 퍼스 모스 기종이야. 마님은 데려갈 수 없을 거야. 딱 한 자리만 있거든. 자네 트럭이 오고 있군."

헬렌은 콤프턴을 한쪽으로 데려가서 그와 이야기를 나누고 있었다. 콤프턴은 이전보다 훨씬 즐거워하며 돌아왔다.

"바로 태워 줄게." 그가 말했다. "마님은 내가 다시 데리러 올 거야. 근데, 연료를 보충하기 위해 아루샤에서 정차해야 해. 출발하는 게 좋겠군."

"차는 어떻게 하고?"

"사실 별 생각 없어."

일꾼들은 침상을 들고 녹색 텐트 주변을 돌아 바위를 따라 내려가서 평원 쪽으로 나온 다음, 이제 풀은 전부 탔지만 여전히 활활 타고 있는 모닥불 옆을 지나갔다. 바람이 불면서 소형 비행기가 있는 쪽으로 불길이 일렁거렸다. 비행기에 그를 태우는 것은 쉬운 일이 아니었지만 일단 비행기에 타자 그는 가죽 의자에 등을 기댔고 콤프턴이 앉을 의자 한쪽 옆으로 다리를 쭉 뻗었다. 콤프턴은 모터에 시동을 건 다음 비행기에 올라탔다. 그는 헬렌과 일꾼들에게 손을 흔들었다. 달그락거리는 소리가 익숙한 굉음으로 바뀌자, 콤피*는 흑멧돼지 구덩이에 주의하면서 주변을 빙 돌았고, 굉음과 함께 모닥불들 사이의 공간을 따라 덜컹거리며 이동하더니 마지막 쿵 소리와 함께 힘차게 날아올랐다. 그리고 그는 사람들이 모두 아래에 서서 손을 흔들고 있는 모습과 지금은 납작해져 있는 언덕 옆의 야영지와 쫙 펼쳐진 평원, 숲속, 쓰러져 가는 덤불을 둘러보았다. 이제 사냥감들이 다니는 오솔길이 메마른 물웅덩이 쪽으로 곧장 뻗어 있었고 그가 전혀 몰랐던 새로운 물웅덩이도 보였다. 얼룩말은 이제 작고 둥근 등만 보였고, 영양들이 긴 손가락 대형으로 평원을 가로지르며 달릴 때 그들의 커다란 머리 부분은 마치 점점이 하늘로 오르는 것처럼 보였다. 비행기 그림자가 그들을 향해 다가가자 녀석들은 뿔뿔이 흩어졌고, 이젠 하도 작아져서 빠르게 뛰는 것 같지도 않았다. 저 멀리 보이는 평원은 이제 잿빛과 노란색으로 어우러져 있고, 앞에는 옛 친구 콤피의 트위드 재킷의 등판과 갈색 펠트 모자가 보였다. 얼마 후, 그들은 첫 번째 능선들을 넘었고 영양들도 그 능

---

* 콤프턴의 애칭

선을 따라 올라갔다. 이윽고 산꼭대기에 다다르자 느닷없이 짙은 녹색의 숲과 대나무가 빽빽이 들어선 산비탈이 나타났고, 다시 산봉우리와 분지들로 이뤄진 우거진 숲을 지나면서 산을 넘었다. 내리막 언덕에 이어 이제 보랏빛이 감도는 갈색을 띠며 열기로 울퉁불퉁해진 뜨거운 평원이 또 다시 나타났고 콤피는 그의 상태를 보기 위해 뒤를 돌아보았다. 그때, 앞쪽으로 거무스름한 다른 산들이 보였다.

그들은 아루샤로 가는 대신 왼쪽으로 방향을 틀었다는데, 아무래도 연료가 있다고 생각하는 모양이었다. 아래쪽으로 고개를 돌린 그는, 체로 친 듯한 분홍색 구름이 땅 위에서 움직이다가 공중으로 올라가는 것을 보았는데, 마치 느닷없이 나타난 눈보라 속 첫눈 같았다. 그는 메뚜기들이 남쪽에서 올라오는 거라는 걸 알게 되었다. 어느덧 비행기는 고도를 높이기 시작했고 동쪽으로 가고 있었다. 그러다가 날이 어두워졌고 그들은 폭풍을 만났는데, 비가 하도 많이 내리는 바람에 마치 폭포를 헤치며 날아가는 것 같았다. 얼마 후, 그들은 그곳을 빠져 나왔고 콤피는 고개를 돌려 웃으면서 손가락으로 어딘가를 가리켰다. 저 앞쪽으로 보이는 것이라고는 세상만큼 넓고 크고 높으며, 햇빛을 받아 믿을 수 없을 정도로 하얗게 빛나는 킬리만자로의 평평한 꼭대기뿐이었다. 그제야 그는 자기가 가고 있는 곳이 저기라는 걸 알게 되었다.

바로 그때, 밤마다 낑낑거리던 하이에나가 그 소리를 멈추고 거의 인간이 우는 듯한 이상한 소리를 내기 시작했다. 여자는 그 소리를 듣고 불안해하며 뒤척였지만 깨지는 않았다. 꿈에서 그녀는 롱 아일랜드에 있는 집에 있었고 딸의 사교계 데뷔 전날 밤이었다. 웬일인지 그녀의 아버지도 그곳에 있었는데 아주 무례한 사람이었다. 그때 하이에나의 우는 소리가 너무 커서 그녀는 잠에서 깼고 순간 자기가 있는 곳이 어딘지 몰라 무척 두려웠다. 그러다가 그녀는 손전등을 들고 해리가 잠든 후 안에 들여놓은 반대편 침상에 불을 비췄다. 그녀는 모기장 아래 그의 몸을 볼 수 있었지만 어찌된 일이지 그의 다리가 밖으로 나온 채 침상 옆에 늘어져 있었다. 붕대가 다 내려와 있었고 그녀는 차마 그것을 쳐다볼 수 없었다.

"몰로." 그녀가 소리쳤다. "몰로! 몰로!"

그녀가 소리쳤다. "해리! 해리!" 그녀의 목청이 높아졌다. "해리! 제발! 오 해리!"

아무런 대답도 없었고 그의 숨소리도 들리지 않았다.

텐트 밖에 있던 하이에나는 좀 전에 그녀를 깨웠던 똑같은 이상한 소리를 냈다. 하지만 그녀는 제 심장 뛰는 소리 때문에 그 소리가 들리지 않았다.

# 사흘간의 폭풍

닉이 과수원을 지나 오르막길에 접어들자, 비가 그쳤다. 과일 수확이 끝나 휑한 과일 나무들 사이로 가을바람이 불었다. 닉은 가던 길을 멈추고 길가 갈색 풀밭에서 비에 젖어 반짝이는 와그너 사과 한 개를 집어 들었다. 그는 매키노 코트* 주머니에 사과를 넣었다.

    길은 과수원을 빠져나와 언덕 꼭대기까지 이어졌다. 그곳에는 오두막이 한 채 있었는데, 현관 쪽은 텅 비었고 굴뚝에서는 연기가 피어오르고 있었다. 뒤편에는 차고와 닭장, 그리고 그 너머 숲을 배경으로 울타리 같은 이차림†이 자리하고 있었다. 가만

---

* 보통 바둑판무늬의 두꺼운 나사(羅紗)로 만든 반코트.
† 천재·인재에 의해 파괴되어 나중에 자연 상태로 보존된 산림.

히 지켜보니 큰 나무들이 바람에 마구 흔들렸다. 올 가을 들어 첫 번째 폭풍이었다.

닉이 과수원 너머 탁 트인 들판을 가로지를 때, 오두막 문이 열리면서 빌이 밖으로 나왔다. 그는 현관에 서서 밖을 쳐다보고 있었다.

"이봐, 웨미지!" 빌이 말했다.

"어이! 빌!" 닉이 계단을 오르면서 말했다.

그들은 함께 서서 마을 전역을 둘러보았다. 과수원 너머 아래쪽으로 그 길 너머로, 낮은 들판과 나무가 우거진 곳을 지나 호수까지. 호수 아래쪽으로 바람이 불고 있었다. 텐 마일(Ten Mile) 곶을 따라 밀려드는 파도가 보였다.

"바람이 부네." 닉이 말했다.

"저렇게 사흘 동안 불겠지." 빌이 말했다.

"아버지 안에 계셔?" 닉이 물었다.

"아니, 총 가지고 나가셨어. 들어와."

닉은 오두막 안으로 들어갔다. 벽난로에서 불이 활활 타올랐다. 바람 때문에 불길이 거세졌다. 빌이 문을 닫았다.

"한잔 할래?" 빌이 말했다.

그는 부엌으로 가서 잔 두 개와 물주전자를 들고 돌아왔다. 닉은 벽난로 위쪽 선반에 있는 위스키 병에 손을 뻗었다.

"괜찮아?" 그가 말했다.

"좋지." 빌이 말했다.

두 사람은 벽난로 앞에 앉아 아이리시 위스키와 물을 섞어 마셨다.

"연기 냄새가 나는 게 맛이 꽤 괜찮은데." 닉이 말하면서 잔을 통해 벽난로를 바라보았다.

"토탄 맛이야." 빌이 말했다.

"술에다 토탄을 넣진 않았을 텐데." 닉이 말했다.

"무슨 상관이야." 빌이 말했다.

"토탄 본 적 있어?" 닉이 물었다.

"아니." 빌이 대답했다.

"나도 못 봤는데." 닉이 말했다.

그가 난로 가까이 신발을 쭉 뻗자, 난로 앞에서 김이 올라오기 시작했다.

"신발 벗는 게 낫겠다." 빌이 말했다.

"나 양말 안 신었어."

"신발을 벗어서 말려. 양말 좀 가져 올 테니까." 빌이 말했다. 그는 2층 다락방으로 올라갔고 닉은 그가 머리 위쪽을 걸어 다니는 소리를 들었다. 지붕 아래쪽에 있는 2층은 확 트여 있었고 그곳에서 빌과 그의 아버지, 그리고 닉은 종종 잠을 자곤 했다. 뒤쪽에는 옷 방이 있었다. 그들은 비에 젖지 않도록 간이침대를 안쪽으로 들여놓았고 고무재질의 덮개로 덮어 두었다.

빌은 두꺼운 양모 양말 한 켤레를 들고 내려왔다.

"날이 점점 어두워질 텐데. 양말 없으면 돌아다니지도 못해." 그가 말했다.

"다시 양말 신기 싫은데." 닉이 말했다. 그는 양말을 잡아당겨 신은 다음 의자에 다시 털썩 주저앉았더니 난로 앞 차단막에 발을 올렸다.

"차단막 찌그러지겠어." 빌이 말했다. 닉은 벽난로 옆으로 발을 휙 돌렸다.

"읽을 거 뭐라도 있어?" 닉이 물었다.

"신문뿐이야."

"카즈\*는 어떻게 됐어?"

"자이언츠와의 더블헤더†에서 졌어."

"그러면 자이언츠 우승이 확실하겠네."

"그건 누워서 떡먹기지." 빌이 말했다. "맥그로우가 리그의 유능한 선수들을 몽땅 사들이는 한 그건 식은 죽 먹기야."

"그가 전부 사들일 수는 없어." 닉이 말했다.

"자기가 원하는 선수를 전부 사들이고 있다니까." 빌이 말했다. "아니면 선수들이 불만을 품도록 부추겨서 그에게 트레이드 시켜 달라고 하거나."

"하이니 짐처럼 말이지." 닉이 맞장구를 쳤다.

"그 멍청이, 맥그로우에게 쓸 만할 거야."

빌이 일어났다.

"타격감이 좋잖아." 닉이 말했다. 난로에서 나오는 열기에 다리가 익을 지경이었다.

"게다가 멋진 야수고." 빌이 말했다. "하지만 경기에 지기도

---

\* 프로야구팀 세인트루이스 카디널스를 말함.

† 야구에서, 하루에 같은 상대 팀과 계속해서 두 번 경기를 하는 일.

하잖아."

"그래서 맥그로우가 그를 원한 게 아닐까 싶어." 닉이 추측했다.

"그럴지도 모르지." 빌도 동의했다.

"우리가 모르는 게 더 있기 마련이니까." 닉이 말했다.

"당연하지. 하지만 아주 멀리 떨어져 있으니까 꽤 좋은 정보를 얻어."

"말을 보지 않고 고를 때 훨씬 더 좋은 말들을 고를 수 있는 것처럼 말이지?"

"바로 그거야."

빌은 위스키 병에 손을 뻗었다. 그 큰 손으로 병을 움켜잡았다. 그는 닉이 내민 잔에 위스키를 따랐다.

"물은 얼마나?"

"똑같이."

그는 닉의 의자 옆 바닥에 앉았다.

"가을 폭풍이 올 때면 참 좋아. 안 그래?" 닉이 말했다

"아주 좋지."

"일 년 중 가장 좋은 시기야." 닉이 말했다.

"시내에 있으면 난리도 아니겠지?" 빌이 말했다.

"월드 시리즈 보고 싶다." 닉이 말했다.

"요즘은 늘 뉴욕이나 필라델피아에서 하잖아." 빌이 말했다. "우리에겐 아무 소용이 없어."

"카즈팀이 언제 우승기를 차지할지 궁금한데?"

"평생 가야 그럴 일은 없을 걸." 빌이 말했다.

"이런, 사람들 돌아 버릴 텐데." 닉이 말했다.

"기억나? 예전에 그 팀이 우승할 뻔했는데 열차 전복 사고 당한 거 말이야."

"당연하지." 닉도 그 일을 생각하며 말했다.

빌은 얼굴을 숙이고 창문 아래쪽 탁자 위에 있는 책을 잡기 위해 손을 뻗었다. 아까 밖에 나가면서 책을 그곳에 펼쳐 두었었다. 그는 한 손에 잔을, 다른 한 손에 책을 들고 닉의 의자에 기댔다.

"뭐 읽어?"

"《리처드 페브럴》"

"그건 재미없어."

"괜찮은데." 빌이 말했다. "따분한 책 아니야, 웨미지."

"내가 안 읽은 책 다른 거 뭐 없어?" 닉이 물었다.

"《숲속 연인들》 읽었어?"

"응. 매일 밤 검을 사이에 두고 잠자리에 들었던 사람들 얘기잖아."

"재미있는 책이야. 웨미지."

"대단한 책이지. 근데 이해가 안 되는 건, 칼이 얼마나 도움이 됐을까 하는 거야. 항상 칼날을 세워 둬야 하는 거잖아. 칼이 쓰러지기라도 하면 그 위로 바로 굴러갈 수 있고 아무 사고도 일어나지 않을 테니까."

"상징적인 거겠지." 빌이 말했다.

"물론 그렇겠지." 닉이 대답했다. "하지만 현실성이 없어."

"《불굴의 정신》은 읽었어?"

"그 책 괜찮더라." 닉이 말했다. "그거야말로 진정한 책이지. 책에 등장하는 부친이 맨날 아들 뒤를 따라 다니잖아. 월폴*이 쓴 책 더 있어?"

"《암흑의 숲》 있는데." 빌이 말했다. "러시아에 관한 책이야."

"월폴이 러시아에 대해 도대체 어떻게 알아?" 닉이 물었다.

"모르지. 그런 사람들에 대해 어떻게 알겠어. 어렸을 때 그곳에 살았을지도 모르지. 그곳에 대한 정보를 많이 가지고 있던데."

"그 사람 만나고 싶네." 닉이 말했다.

"난 체스터턴† 만나고 싶어." 빌이 말했다.

"그가 지금 여기 있었으면 좋겠다." 닉이 말했다. "내일 우리 부아 강으로 낚시하러 갈 때 그 사람도 데려가게."

"낚시를 좋아할까 모르겠네." 빌이 말했다.

"당연히 좋아할 거야." 닉이 말했다. "그는 가장 멋진 사나이가 틀림없을 테니까. 《하늘을 나는 여관》 기억나?"


"천국에서 온 천사가 다른 마실 것을 준다면,

그 친절한 마음에 대해 고마워하라.

그런 다음 싱크대로 가서 그것을 쏟아 부어라."


"그래, 맞아." 닉이 말했다. "월폴보다 훨씬 괜찮은 사람 같아."

<hr>

* 영국의 소설가 · 평론가 · 극작가. 유창한 언어 구사와 낭만적 착상이 뛰어난 천부적인 이야기꾼.
† 영국의 작가 · 평론가.

"그럼! 더 멋진 사나이지. 아무렴." 빌이 말했다.

"그래도 작가로서는 월폴이 더 나아."

"모르겠다." 닉이 말했다. "체스터턴은 고전주의 작가야."

"월폴도 고전주의 작가라고." 빌도 강조했다.

"두 사람 다 여기 있었으면 좋겠네." 닉이 말했다. "내일 우리 부아 강에서 낚시하러 갈 때 둘 다 데려가게."

"술이나 마시자." 빌이 말했다.

"좋지." 닉이 동의했다.

"우리 아버지는 신경도 안 쓸 거야." 빌이 말했다.

"진짜?" 닉이 물었다.

"그럴 거야." 빌이 말했다.

"이제 좀 취하는데." 닉이 말했다.

"너 안 취했어." 빌이 말했다.

그는 바닥에서 일어나 위스키 병으로 손을 뻗었다. 닉이 잔을 내밀었다. 빌이 술을 따르는 동안 그의 눈은 잔을 뚫어지게 보고 있었다.

빌은 잔에 위스키를 반쯤 따랐다.

"물은 자네 취향대로 넣어." 그가 말했다. "딱 한잔 남았네."

"더 있어?" 닉이 물었다.

"더 있긴 한데, 아버지가 개봉한 것만 마시라고 해서."

"그래, 그럼." 닉이 말했다.

"아버지 말씀이 술병을 자꾸 따니까 주정뱅이가 되는 거래." 빌이 설명했다.

"지당하신 말씀이야." 닉이 말했다. 그는 감명을 받았다. 전에는 그런 생각을 해본 적이 없었다. 혼자 술을 마셔서 주정뱅이가 되는 거라고 늘 생각해 왔다.

"너희 아버진 어떠셔?" 그는 공손히 물었다.

"좋으시지." 빌이 말했다. "가끔 좀 난폭해지셔서 그렇지."

"멋진 분이셔." 닉이 말했다. 그는 주전자에 있던 물을 잔에 따랐다. 그것을 위스키와 함께 천천히 섞었다. 물보다 위스키가 좀 더 많았다.

"두 말 하면 잔소리지." 빌이 말했다.

"우리 아버지도 괜찮으신 분이고." 닉이 말했다.

"그렇고말고." 빌이 말했다.

"아버지는 평생 술을 입에 댄 적이 없으시데." 닉은 무슨 과학적 사실이라도 발표하듯 말했다.

"과연! 의사시잖아. 우리 아버지는 화가고. 그게 다르잖아."

"아버지는 많은 걸 놓치셨어." 닉은 애석한 듯 말했다.

"모르는 일이야." 빌이 말했다. "모든 일에는 보상이 따르는 법이니까."

"당신 본인이 많은 걸 놓쳤다고 하시는데." 닉이 털어놓았다.

"그래. 아버지는 힘든 시간을 겪으셨어." 빌이 말했다.

"결국 모든 건 공평해." 닉이 말했다.

그들은 앉아서 벽난로를 바라보았고 이 심오한 진리에 대해 생각했다.

"뒤쪽 현관에서 장작 하나 가져 올게." 닉이 말했다. 그는 벽난로를 보다가 불이 꺼져가고 있는 걸 알아챘다. 게다가 술을 먹었지만 할 일을 잘 할 수 있다는 걸 보여 주고 싶기도 했다. 비록 아버지가 술을 입에도 못 대는 분이지만 빌이 취하기 전에 자기가 먼저 취하는 일은 없을 것이다.

"너도밤나무 장작 큰 놈으로 가져와." 빌이 말했다. 빌 또한 의도적으로 쓸모 있게 굴려고 노력했다.

닉은 장작을 들고 부엌을 지나오다가 부엌 식탁에 있던 냄비를 떨어뜨렸다. 그는 장작을 내려놓고 냄비를 집어 들었다. 그 안에는 물에 젖은 말린 살구들이 들어 있었다. 그는 바닥에 떨어진 살구들을 조심스레 전부 집었는데, 일부는 스토브 아래에 들어가 있었다. 그는 그것들까지 냄비에 다시 넣었다. 그는 식탁 옆 들통에 있던 물을 거기에 조금 더 부었다. 꽤 뿌듯했다. 그는 일을 깔끔하게 처리했다.

그가 장작을 들고 안으로 들어오자, 빌이 의자에서 일어나 장작을 벽난로에 넣는 것을 도와주었다.

"장작 한 번 끝내 주는데." 닉이 말했다.

"궂은 날씨에 대비해서 아껴 뒀지." 빌이 말했다. "이런 장작은 밤새 잘 타거든."

"숯이 남아 아침에 불을 피울 수 있을 거야." 닉이 말했다.

"맞아." 빌은 맞장구를 쳤다. 두 사람은 기분이 고조되어 대화를 이어 갔다.

"한잔 더 하자." 닉이 말했다.

"벽장 안에 개봉한 술이 한 병 더 있는 것 같은데." 빌이 말했다.

그는 벽장 앞 구석에서 무릎을 굽혀 네모난 모양의 술병 하나를 꺼냈다.

　"스카치야." 그가 말했다.

　"물 좀 더 가져올게." 닉이 말했다. 그는 다시 부엌 쪽으로 갔다. 그는 들통에서 시원한 샘물을 국자로 퍼서 물 주전자에 가득 채웠다. 거실로 다시 돌아오는 도중, 부엌에 있는 거울 앞을 지나가다 들여다보았는데 얼굴이 이상해 보였다. 그는 거울에 비친 얼굴에 미소를 지어 보였고 그 얼굴도 그를 보며 웃어 주었다. 그는 얼굴에 윙크를 한 다음 가던 길을 재촉했다. 그것은 그의 얼굴이 아니었지만 별로 중요하지 않았다.

　빌은 술과 물을 따랐다.

　"너무 많아." 닉이 말했다.

　"웨미지, 이 정도는 괜찮아." 빌이 말했다.

　"뭘 위해 건배할까?" 닉이 잔을 들고 물었다.

　"낚시를 위해 건배하자." 빌이 제안했다.

　"좋았어." 닉이 말했다. "신사 여러분! 낚시를 위해 건배."

　"세상 모든 곳에서 모든 낚시를 위하여." 빌이 말했다.

　"낚시." 닉이 말했다. "그게 우리가 건배할 대상이지."

　"야구보다 훨씬 나아." 빌이 말했다.

　"비교도 안 되지." 닉이 말했다. "도대체 어쩌다 야구 얘기를 하게 됐지?"

　"실수였어." 빌이 말했다. "야구는 촌놈들이나 하는 경기야."

　그들은 잔에 있던 술을 전부 들이켰다.

"이젠 체스터턴을 위해 건배하자."

"그리고 월폴도." 닉이 덧붙였다.

닉은 술을 따랐다. 빌은 물을 부었다. 두 사람은 서로를 쳐다보았다. 기분이 날아갈 듯 했다.

"신사 여러분." 빌이 말했다. "체스터턴과 월폴을 위해 건배!"

"바로 그거야." 닉이 말했다.

그들은 마셨다. 빌이 잔을 가득 채웠다. 그들은 벽난로 앞에 있는 커다란 의자에 앉았다.

"웨미지, 자넨 현명했어." 빌이 말했다.

"뭔 소리야?" 닉이 물었다.

"마지랑 파혼한 거." 빌이 말했다.

"나도 그렇게 생각해." 닉이 대답했다.

"그 방법밖에 없었어. 안 그랬으면 지금쯤 자네는 다시 집으로 돌아가 결혼 자금을 벌려고 일을 하고 있을 걸."

닉은 아무 말도 하지 않았다.

"일단 남자는 결혼하면 완전 망하는 거야." 빌의 말은 계속 이어졌다. "더 이상 얻을 게 없거든. 아무것도. 개뿔 하나도 없다고. 끝장이야. 자네도 결혼한 남자들 봤잖아."

닉은 여전히 말이 없었다.

"딱 보면 표가 나잖아." 빌이 말했다. "결혼한 남자들, 이렇게 투실투실하고. 끝장이지."

"맞아." 닉이 말했다.

"파혼했으니 기분이 안 좋긴 할 거야." 빌이 말했다. "하지만 다들 또 다른 사랑에 빠지기 마련이고 그러다 보면 다 괜찮아지잖아. 또 사귀라고. 사귀되 자네를 망치진 마."

"알았어." 닉이 말했다.

"자네가 그 여자랑 결혼했다면, 그 가족 전체와 결혼해야 했을 거야. 그 여자의 엄마랑 그 엄마와 결혼한 남자 기억나지?"

닉은 고개를 끄덕였다.

"너희 집에 뻔질나게 드나들고, 일요일 저녁마다 그들 집에 가고, 저녁 먹으러고 초대라도 하면 마지에게 뭘 하라는 둥, 어떻게 행동하라는 둥 매번 잔소리를 해댄다고 생각해봐."

닉은 조용히 앉아 있었다.

"자네는 거기서 아주 잘 빠져 나온 거야." 빌이 말했다. "지금쯤 그 여자는 자기 같은 부류의 남자와 결혼하고 정착해서 행복하게 살 거야. 물과 기름은 섞일 수 없어. 내가 스트래턴 씨 집에서 일하는 아이다와 결혼한다 해도 그런 종류의 사람과는 전혀 섞일 수 없을 거야. 아마 그녀도 그걸 원할 걸."

닉은 아무 말이 없었다. 술기운이 완전히 가시면서 이제 홀로 남겨졌다. 빌도 거기에 없었다. 닉은 벽난로 앞에 앉아 있지도, 그렇다고 내일 빌과 그의 아버지랑 낚시를 가거나 하는 일도 없을 것이다. 술에 취하지 않았다. 모든 것이 사라졌다. 그가 알고 있는 거라고는 예전에 마조리를 사귀었다가 잃었다는 것뿐. 그녀는 가 버렸고 그는 그녀를 떠나보냈다. 중요한 건 그뿐이었다. 그는 그녀를 다시는 보지 못할지도 모른다. 아마 절대 보지 못할 것이다. 모든 것이 사라졌고 끝나 버렸다.

"한잔 더 하자." 닉이 말했다.

빌은 술을 따랐다. 닉이 물을 조금 부었다.

"자네가 계속 그 길로 갔다면, 우리는 지금 여기 없었을 거야." 빌이 말했다.

그 말은 사실이었다. 닉의 원래 계획은 고향으로 내려가서 일자리를 구하는 것이었다. 그런 다음 겨울 내내 샤를부아에 머물 계획이었고, 그러면 마지 곁에 있을 수 있었다. 이제 앞으로 어떻게 할지 막막했다.

"아마 내일 낚시 가는 일도 심지어 없었을 테고." 빌이 말했다. "좋은 소식인 거지. 잘 됐어."

"나도 어쩔 수 없었어." 닉이 말했다.

"알아. 그건 그런 식으로 해결하는 거야." 빌이 말했다.

"갑자기 모든 게 끝나 버렸어." 닉이 말했다. "왜 그렇게 됐는지 모르겠어. 나도 어쩔 수 없었다고. 꼭 이렇게 사흘 간 바람이 불어 나뭇잎들이 죄다 떨어지는 지금 같았다니까."

"자, 이제 끝났어. 그게 중요한 거야." 빌이 말했다.

"내 탓이야." 닉이 말했다.

"누구 탓이었는지는 중요하지 않아." 빌이 말했다.

"그래. 나도 그렇게 생각해." 닉이 말했다.

중요한 것은 마조리가 떠났다는 것과 어쩌면 다시는 그녀를 볼 수 없을 거라는 사실이었다. 그는 이탈리아에 어떻게 함께 갈 것인지, 그리고 그들이 누리게 될 즐거움에 대해 그녀와 이야기를 나눴었다. 함께 있을 장소들에 대해서도. 이제 모든 게 사라졌다.

"끝난 이상, 중요한 건 끝났다는 거야." 빌이 말했다. "있잖아. 웨미지. 일이 진행되는 동안 걱정이 되긴 했어. 자네는 제대로 처신했어. 그녀 어머니가 노발대발한 것도 이해는 돼. 너희들이 약혼했다고 동네방네 떠들고 다녔으니까."

"우린 약혼한 적 없어." 닉이 말했다.

"너희들이 약혼했다는 소문이 쫙 퍼졌어."

"어쩔 수 없지, 뭐." 닉이 말했다. "아무튼 우리는 아니야."

"자네 결혼할 거 아니었어?" 빌이 물었다.

"할 거였지. 하지만 약혼은 안했다고." 닉이 말했다.

"뭐가 다른데?" 그가 재판관답게 물었다.

"모르겠어. 아무튼 달라."

"이해가 안 되네." 빌이 말했다.

"알았어." 닉이 말했다. "취하도록 마시자."

"좋아." 빌이 말했다. "진짜 취해 보자."

"취하도록 마신 다음 수영하러 가자." 닉이 말했다.

그는 잔을 비웠다.

"마지한테는 정말 미안하지만 내가 어떻게 할 수 있었겠어?" 그가 말했다. "그녀 어머니가 어떤 사람인지 너도 알잖아."

"그녀는 끔찍했지." 빌이 말했다.

"갑자기 끝나 버렸어." 닉이 말했다. "이런 얘긴 하면 안 되는데."

"자네는 안 했어." 빌이 말했다. "내가 그 얘기를 꺼냈고 이젠 나도 그만할게. 다시 그 얘기할 일은 없을 거야. 자네도 신경 꺼. 다시 그 일에 말려들지도 모르니까."

닉은 그런 생각을 해본 적이 없었다. 완전히 끝난 것 같았기 때문이다. 그건 하나의 생각이었다. 그 생각 덕분에 그는 기분이 훨씬 좋아졌다.

"물론이지." 그가 말했다. "그런 위험은 항상 도사리고 있어."

그는 이제 행복해졌다. 돌이킬 수 없는 것은 아무것도 없었다. 그는 토요일 밤 시내로 갈 것이다. 오늘은 목요일이었다.

"언제나 가능성은 있지." 닉이 말했다.

"자네 조심해야 할 걸." 빌이 말했다.

"조심할게." 그가 말했다.

닉은 행복했다. 끝난 것은 아무것도 없다. 잃어버린 것도 전혀 없었다. 그는 토요일에 시내에 갈 것이다. 빌과 그 일에 대해 이야기하기 전의 기분으로 돌아가 마음이 한결 가벼워졌다. 탈출구는 언제나 있기 마련이다.

"총을 가지고 곳으로 내려가서 너의 아버지를 찾아보자." 닉이 말했다.

"좋아."

빌은 벽 위에 있는 선반에서 엽총 두 자루를 꺼냈다. 탄약 상자도 열었다. 닉은 매키노 코트를 입고 신발을 신었다. 신발이 바짝 말라 뻣뻣해진 상태였다. 그는 여전히 많이 취했지만 정신은 말짱했다.

"기분 어때?" 닉이 물었다.

"아주 좋아. 적당히 거나한데." 빌이 스웨터 단추를 채우고 있었다.

"취해 봐야 소용없어."

"맞아. 우리는 밖에 나가야 하니까."

그들은 밖으로 나갔다. 강풍이 불고 있었다.

"이 정도 바람이면 새들이 들판으로 내려와 납작 엎드려 있 겠는걸." 닉이 말했다.

그들은 과수원을 향해 내려갔다.

"오늘 아침에 누른도요새를 봤어." 빌이 말했다.

"어쩌면 녀석이 놀라 날아오를지도 모르겠네." 닉이 말했다.

"이런 바람에 총 쏘는 건 무리야." 빌이 말했다.

이제 밖에 나오니, 마지 일로 더 이상 고통스럽지 않았다. 그 다지 중요한 일도 아니었다. 그렇게 바람은 모든 것을 멀리 날 려 버렸다.

"큰 호수 쪽에서 곧장 불고 있어." 닉이 말했다.

그들은 바람이 부는 반대 방향에서 탕하는 엽총 소리를 들었다.

"아버지야." 빌이 말했다. "늪지 쪽에 내려가 계신가 봐."

"저쪽으로 빨리 내려가 보자." 닉이 말했다.

"아래쪽 초원을 가로질러 가면서 뭐가 놀래서 날아오를지 살 펴보자고." 빌이 말했다.

"좋았어." 닉이 말했다.

이제 그 어떤 것도 중요하지 않았다. 바람이 머릿속에서 그것 을 날려 버렸다. 그는 언제든 토요일 밤에 시내로 갈 수 있었다. 뭔가를 예비로 가지고 있다는 것은 유쾌한 일이었다.

# 군인의 고향

크렙스는 캔자스의 어느 감리교 대학 재학 중 전쟁터에 나갔다. 그가 남학생 사교 클럽 회원들과 함께 찍은 사진이 있는데, 학생들이 입고 있는 윗옷 칼라의 높이와 스타일이 하나 같이 모두 똑같았다. 그는 1917년 해병대에 입대했다가 1919년 여름 2사단이 라인 강에서 귀환했을 때서야 미국으로 돌아왔다.

독일 여자 두 명이랑 다른 상등병 하나와 함께 라인 강에서 찍은 사진이 있다. 크렙스와 상등병은 입은 군복에 비해 너무 커 보였다. 독일 여자들은 그다지 아름답지 않았다. 사진에는 라인 강이 보이지 않았다.

크렙스가 오클라호마에 있는 고향 마을로 돌아왔을 때쯤에는 영웅들을 위한 환영회가 끝난 상태였다. 그는 너무 늦게 돌아

왔다. 징집됐던 마을 남자들은 열렬한 환영을 받았다. 흥분의 도
가니였다. 이제 그런 반응은 한풀 꺾였다. 사람들은 크렙스가 전
쟁이 끝난 지 수 년이나 늦게 돌아온 것에 대해 다소 어이없어
하는 분위기였다.

벨로 우드*와 소와송, 샹파뉴, 샹 미엘†, 아르곤에 주둔했던 크
렙스는 처음에는 전쟁에 대해 아무 얘기도 하고 싶지 않았다. 나
중에서야 얘기할 필요성을 느꼈지만 이젠 어느 누구도 그것에
대해 들으려 하지 않았다. 마을 사람들은 잔혹한 이야기들을 하
도 많이 듣다 보니 현실적인 일에는 아무런 전율을 느끼지 못했
다. 크렙스는 조금이라도 자기 말에 귀를 기울이게 하려면 거짓
말을 해야 한다는 사실을 깨달았고, 그런 식으로 두 번 정도 하
자 크렙스 자신도 전쟁에 대해, 그 얘기를 하는 것에 대해 거부
감이 들었다. 전쟁 중 그에게 일어났던 모든 일에 대한 혐오감은
그가 한 거짓말에서 비롯되었다. 그 시절에 겪은 일들 모두 생각
만 해도 내심 자랑스럽고 거리낄 게 없었다. 뭔가 다른 일을 할
수도 있었지만, 남자로서 쉽고 자연스럽게 할 수 있는 유일한 그
일을 했던, 돌아가기에는 너무 먼 그 시절! 지금은 그 시절의 자
신만만하고 소중한 자질들이 온데간데없이 사라져 버렸고 길을
잃어버렸지만 말이다.

---

* 프랑스 북부, 샤또 띠에리 서북방의 삼림. 1918년 그곳에서 승리를 거둔 미국 해병
대의 기념비가 있다.
† 프랑스 동북부, 낭시 북서방의 뫼즈 강에 면해 있는 마을. 제1차 세계 대전 당시 미
국과 독일의 격전지.

그가 한 거짓말들은 그다지 대수롭지 않은 것들로, 다른 사람들이 보거나 듣고 경험했던 일들을 마치 자기 일인 양 떠벌인다든지 군인이라면 누구나 알고 있는, 출처미상의 특정 사건들을 실제 일어난 일처럼 언급하는 식이었다. 심지어 그가 했던 거짓말들은 포켓볼 당구장에서도 찬밥 신세였다. 그의 지인들은 아르곤(Argonne) 숲에서 사슬에 묶여 기관총을 맞은 채 발견된 독일 여자들에 대한 자세한 이야기를 듣고도, 독일군 기관총 사수들은 전혀 사슬에 묶이지 않았다는 사실이 이해되지 않아서 그랬는지 아니면 애국심 때문에 그들에 대해 관심이 없었는지, 그가 하는 이야기에 전혀 흥분하지 않았다.

크렙스는 거짓이나 과장으로 포장된 경험에 대해 혐오감이 생겼고, 간혹 실제 군인이었던 누군가를 만나 댄스파티의 탈의실에서 몇 분간 이야기를 나눌 때면 다른 군인들 가운데에서도 그 노병의 여유로운 태도에 기가 꺾였고, 그는 줄곧 소름끼칠 정도로 두려워했다. 이런 식으로, 그는 모든 것을 잃었다.

늦여름인 이 시기 동안, 그는 밤늦게 잠자리에 들었고, 일어나면 시내 도서관에서 책을 빌린 다음 집에서 점심을 먹고 나서 지루해질 때까지 현관 베란다에서 책을 읽었고, 그런 다음 시내를 거쳐 내려가다 하루 중 가장 뜨거운 시간을 시원하고 어두컴컴한 포켓볼 당구장에서 보냈다. 그는 내기 당구를 즐겼다.

저녁이면 클라리넷을 연습했고 시내를 어슬렁거리다가 책을 읽고 잠자리에 들었다. 그는 두 여동생에게 여전히 영웅 대접을 받았다. 그가 원하기만 한다면 그의 어머니도 아침 식사를 침대로 갖다 바칠 태세였다. 그녀는 그가 잠자리에 들 때 걸핏하면 침실에 들어와 그에게 전쟁 얘기를 해 달라고 졸랐는데, 늘 정신은 딴 데 있었다. 그의 아버지 역시 똑 부러진 구석이라고는 없는 사람이었다.

전쟁터로 떠나기 전, 크렙스는 가족 소유의 자동차를 절대 운전할 수 없었다. 그의 아버지는 부동산 중개업자였는데, 고객에게 농장 부지 일부를 보여주려고 지방으로 고객을 데려가기 위해 자동차가 필요할 경우에는 항상 그의 관할 지역에 차가 있어야 했다. 그 차는 늘 퍼스트 내셔널 뱅크 건물 밖에 세워 뒀는데, 그 건물 2층에 아버지 사무실이 있었다. 전쟁이 끝난 지금도 변함없이 그 자동차였다.

어린 소녀들이 성장했다는 것만 제외하면 시내에서 달라진 건 전혀 없었다. 하지만 그들은 크렙스가 밀고 들어갈 열정이나 용기를 느낄 수 없는, 이미 정략결혼과 권모술수로 인한 반목의 복잡한 세상에 살고 있었다. 그럼에도 그는 여자들을 보는 걸 좋아했다. 예쁘고 젊은 여자들이 무척 많았다. 그들 대부분은 머리를 짧게 잘랐다. 그가 전쟁터로 떠날 무렵에는, 어린 여자 아이들이나 행실이 나쁜 여자들이 머리를 그런 식으로 하고 다녔다. 그들은 모두 스웨터와 둥근 더치 칼라가 달린 블라우스를 입었다. 그것이 정해진 패턴이었다. 그는 여자들이 도로 건너편을 걸어갈 때 현관 베란다에서 그들을 지켜보는 걸 좋아했다. 그들이 나무 그늘 아래로 걸어가는 걸 지켜보는 것도 좋아했다. 스웨터 위에 올라온 둥근 더치 칼라도 좋았다. 그들이 신은 실크 스타킹과

플랫 슈즈도, 단발머리와 걸음걸이도 마음에 들었다.

그러나 시내에 있을 때, 그가 여자들에 대해 느끼는 호감은 그리 강렬하지 않았다. 그가 그리스 아이스크림 가게에서 여자들을 보았을 때도 마음이 가지 않았다. 그는 여자 자체를 원하는 것이 아니었다. 여자들은 너무 복잡했다. 그 밖의 뭔가가 있었다. 그는 막연하게나마 여자를 원하긴 했지만 여자를 사귀기 위해 일을 해야 한다는 건 싫었다. 애인이 있었으면 했지만 애인을 구하는데 오랜 시간을 들여야 한다는 것도 싫었다. 음모와 정략에 휘말리는 것도 싫었다. 구혼을 해야 한다는 것도 질색이었다. 그는 더 이상 거짓말을 하고 싶지 않았다. 그럴 가치도 없었다.

그는 어떤 결론도 원치 않았다. 앞으로 다시는 어떤 결론도 원치 않았다. 그는 결론 없이 쭉 살아가기를 원했다. 게다가 사실 그에게는 여자가 필요 없었다. 군대는 그에게 그걸 가르쳐주었다. 마치 여자가 있어야 하는 척 행동하는 건 괜찮다. 거의 모든 남자들이 그렇게 행동하니까. 하지만 그건 사실이 아니다. 당신에게는 여자가 필요 없다. 그건 웃기는 짓이다. 우선 한 친구는 여자들이 자기에게 얼마나 무의미한지, 자기는 여자 생각을 전혀 안 하며, 여자들은 자기 마음을 움직일 수 없다고 우쭐댄다. 그리고 또 한 친구는 여자 없이는 살 수 없고 항상 여자들과 함께 있어야 하며 여자 없이는 잠도 못 잔다고 으스댄다.

그런데 그건 전부 거짓말이다. 양쪽 모두 거짓말이다. 여자에 대해 생각하지 않는다면 여자는 필요 없다. 그는 군대에서 그것을 배웠다. 조만간 여자는 생기기 마련이다. 실제 여자를 만날 기회가 무르익을 때 여자는 생기는 법이다. 그런 것에 대해 생각할 필요는 없다. 조만간 그런 일이 생길 테니까. 그는 군대에서 그것을 배웠다.

이제 여자가 자신에게 다가와서 대화를 원치 않는다면 그는 여자를 좋아했을지도 모른다. 하지만 이곳 고향에서는 그것이 매우 복잡했다. 다시는 그런 경험을 할 수 없을 거라는 걸 깨달았다. 고민할 가치도 없었다. 그것은 프랑스 여자들과 독일 여자들에 관한 것이다. 이런 얘기를 한 적은 한 번도 없었다. 많은 얘기를 나눌 기회도 없었고 얘기할 필요도 없었으니까. 그것은 단순했고 당신들은 친구들이었다. 그는 프랑스에 대해 생각하다가 독일에 대해 생각하기 시작했다. 대체로 그는 독일이 좀 더 마음에 들었다. 그는 독일을 떠나기 싫었다. 고향에 오고 싶지 않았다. 그럼에도 고향에 돌아왔다. 그는 현관 베란다에 앉아 있었다.

그는 도로 건너편을 따라 걸어가는 여자들을 좋아했다. 프랑스 여자나 독일 여자보다 그들의 모습이 훨씬 더 좋았다. 하지만 그녀들이 사는 세상은 그가 사는 세상이 아니었다. 그는 저들 중 하나를 갖고 싶었다. 하지만 그럴 가치가 없었다. 그들은 저렇게 멋진 패턴이었다. 그는 패턴을 좋아했다. 그것은 흥미로웠다. 하지만 그 이야기는 전혀 써먹지 않을 것이다. 그는 여자를 절실히 원하지는 않았지만 바라보는 것은 좋아했다. 그럴 가치도 없었는데. 다시 상황이 나아지고 있는 지금도 그럴 가치가 없었다.

그는 현관 베란다에 앉아 전쟁 관련 책을 읽었다. 역사책이었다. 그는 자신이 참가했던 전투에 대해 전부 읽는 중이었는데,

이 책이 그가 읽은 책 중 가장 재미있는 책이었다. 지도가 좀 더 많았으면 하는 아쉬움이 있긴 했다. 유용하고 자세한 지도들이 실린 역사책이 출간되면 즐거운 마음으로 진짜 유용한 역사책을 죄다 읽을 생각이었다. 사실 그는 이제야 전쟁에 대해 알아 가고 있었다. 그는 훌륭한 군인이었다. 그것이 중요했다.

그가 고향에 온 지 한 달 정도 지난 어느 날 아침, 어머니가 그의 방으로 들어와서 침대 위에 앉았다. 그녀는 앞치마를 매만졌다.

"헤롤드, 지난밤에 아버지와 얘기를 나눴단다." 그녀가 말했다. "그리고 네가 저녁에 차를 가지고 나가도 괜찮다고 하시는구나."

"네?" 비몽사몽간에 크렙스가 말했다. "차를 가지고 나가도 된다고요? 진짜요?"

"그래. 아버지는 네가 원하면 저녁에 차를 몰고 나갈 수 있게 해줘야겠다고 한동안 생각하신 모양인데, 우린 어젯밤에서야 겨우 그 이야기를 나눴단다."

"보나마나 엄마가 아버지한테 말했을 거예요." 크렙스가 말했다.

"아냐. 우리가 그 문제에 대해 얘기한 건 순전히 아버지 제안이셨어."

"알았어요. 엄마가 아버지에게 말한 게 뻔해요." 크렙스는 침대에 앉았다.

"헤롤드, 내려와서 아침 먹을래?" 어머니가 말했다.

"옷 입고 바로 내려갈게요." 크렙스가 말했다.

그의 어머니는 방을 나갔고 어머니가 아래층에서 뭔가를 튀기는 소리를 들으면서 그는 세수와 면도를 한 후 옷을 입고 부엌으로 내려와 아침 식사를 했다. 그가 아침 식사를 하고 있을 때 여동생이 우편물을 가져왔다.

"아이고, 토끼 아저씨." 그녀가 말했다. "우리 잠꾸러기 씨. 도대체 뭐 하러 일어나셨나?"

크렙스는 그녀를 쳐다보았다. 그는 동생을 좋아했다. 그녀는 마음에 쏙 드는 여동생이었다.

"신문 가져왔지?" 그가 물었다.

그녀가 〈캔자스시티 스타〉 신문을 그에게 건넸고 그는 갈색 포장지를 벗기더니 스포츠 면을 펼쳤다. 그는 펼친 〈스타〉를 잘 접은 다음 시리얼 음식과 함께 나온 물 주전자에 기대어 고정시켜 놓았다. 그래야 식사를 하면서 읽을 수 있다.

"헤롤드!" 어머니가 부엌문 앞에 서 있었다. "헤롤드, 제발 신문 좀 흐트러뜨리지 마라. 〈스타〉가 흐트러져 있으면 아버지가 읽기 힘드시잖아."

"흐트러뜨리지 않을게요." 크렙스가 말했다.

그의 여동생이 식탁에 앉아 그가 신문 읽는 모습을 지켜보았다.

"오늘 오후 방과 후에 학교에서 놀 거야." 그녀가 말했다. "야구 하려고."

"좋겠다." 크렙스가 말했다. "그 노련한 팔은 안녕하신가?"

"남자애들보다 훨씬 잘 던져. 오빠가 가르쳐줬다고 애들한테 다 말했지. 다른 여자애들은 형편없어."

"정말?" 크렙스가 말했다.

"오빠가 내 애인이라고 애들한테 말했어. 오빠 내 애인이지? 토끼 씨!"

"두말 하면 잔소리지."

"상대가 남자 형제면 정말로 애인이 될 수 없는 거야?"

"모르겠네."

"오빠는 분명히 알거야. 내가 충분히 나이가 들어 오빠가 원해도 오빠는 내 애인이 될 수 없는 거야?"

"분명히 알지. 넌 이제 내 여자야."

"정말 내가 오빠 여자야?"

"물론."

"오빠 나 사랑해?"

"으응."

"나를 언제나 사랑할 거야?"

"물론이지."

"실내 경기하는 데 들러서 나 경기하는 거 볼래?"

"어쩌면."

"오, 토끼 씨! 나를 사랑하지 않는군요. 나를 사랑한다면 실내 경기하는 데 들러서 내가 경기하는 거 보고 싶을 테니까."

크렙스의 엄마가 부엌 식당 안으로 들어왔다. 그녀는 달걀 프라이 두 개와 바삭바삭한 베이컨이 담긴 접시와 메밀 팬케이크가 든 접시를 들고 왔다.

"헬렌, 저리 좀 가라." 그녀가 말했다. "해롤드와 얘기할 게 있으니까."

그녀는 달걀과 베이컨을 그 앞에 내려놓고 메밀 팬케이크에 넣을 메이플 시럽 단지를 가져왔다. 그러더니 그녀는 크렙스 건너편에 앉았다.

"잠깐 신문 좀 내려놨으면 좋겠는데, 헤롤드." 그녀가 말했다.

크렙스는 신문을 내려놓고 그것을 접었다.

"헤롤드, 앞으로 뭘 할지 결정했니?" 어머니는 안경을 벗으면서 말했다.

"아뇨." 크렙스가 말했다.

"이제 그래야 할 때라고 생각하지 않니?" 어머니는 못마땅해서 이렇게 얘기하는 게 아니었다. 진짜 걱정이 돼서 그런 것 같았다.

"그런 생각 안 해봤는데요." 크렙스가 대답했다.

"신은 모든 사람에게 할 일을 주셨단다." 어머니가 말했다. "그의 왕국에서는 빈둥빈둥 노는 사람이 있을 수 없단다."

"난 그의 왕국에 살지 않아요." 크렙스가 말했다.

"우리는 모두 그의 왕국에 살고 있어."

크렙스는 늘 그렇듯 당황스러웠고 짜증이 났다.

"헤롤드, 엄마는 네가 아주 많이 걱정된단다." 어머니의 말은 계속 이어졌다. "네가 접했을 유혹들에 대해 엄마는 잘 알고 있단다. 인간이 얼마나 나약한지도 알고 있어. 너의 할아버지, 그러니까 우리 아버지가 남북전쟁에 대해 우리에게 해주신 말씀을 기억하고 있고 나는 너를 위해 기도한단다. 나는 하루 종일 너를 위해 기도한단다. 헤롤드."

크렙스는 그의 접시 위에 굳어져 가는 두툼한 베이컨을 바라보았다.

"아버지도 걱정하셔." 어머니는 계속 말했다. "아버지는 네가
야망을 잃고 인생의 확고한 목표를 세우지 않았다고 생각하시지.
너랑 동갑인 찰리 시몬스는 좋은 직장에 취직했고 결혼도 할 거
라는구나. 남자애들 전부 자리를 잡아가고 있어. 그 애들은 모두
목표를 향해 달려가고 있단다. 특히나 찰리 시몬스 같은 애들은
실제로 동네 자랑거리가 되어가는 걸 너도 알 거야."

크렙스는 아무 말도 하지 않았다.

"헤롤드, 그런 식으로 보지 마라." 어머니가 말했다. "알다시
피 우리는 널 사랑하고 나는 네 행복을 위해 현실을 알려주고 싶
은 거야. 아버지는 네 자유를 방해할 생각이 없으셔. 네가 그 차
를 운전하게 해줘야 한다고 생각하시고. 만약 멋진 아가씨들을
태우고 드라이브를 하고 싶다면 우리는 아주 기쁠 거다. 우리는
네가 인생을 즐기기를 바라. 하지만 일을 하려면 정착을 해야 한
단다. 헤롤드. 네 아버지는 네가 어떤 일을 시작하든 개의치 않으
셔. 아버지 말대로 일은 어떤 것이든 고귀한 거니까. 하지만 너도
뭔가를 시작해야 하지 않겠니? 아버지가 내게 그러시더라. 오늘
아침에 너와 이야기 좀 나눠보라고. 그리고 이따 사무실에 잠깐
들러 아버지를 만나 보렴."

"얘기 끝나셨어요?" 크렙스가 말했다.

"그래. 너는 이 애미를 사랑하지 않는구나? 아들아."

"네." 크렙스가 말했다.

그의 어머니는 식탁 건너편에서 그를 바라보았다. 그녀의 눈

이 빛났다. 눈물이 흐르기 시작했다.

"난 아무도 사랑하지 않아요." 크렙스가 말했다.

그 말은 전혀 도움이 되지 않았다. 그녀에게 그런 말을 해선 안 되었다. 그것을 어머니에게 이해시킬 수 없었다. 그런 말을 하다니 어리석은 짓이었다. 그녀에게 상처만 준 꼴이었다. 그는 건너가서 어머니의 팔을 잡았다. 그녀는 손으로 얼굴을 감싼 채 울고 있었다.

"그런 의미가 아니었어요." 그가 말했다. "뭔가 화가나 있는 상태였어요. 엄마를 사랑하지 않는다는 의미가 아니에요."

어머니는 계속 울었다. 크렙스는 팔로 그녀의 어깨를 감쌌다.

"엄마 나 못 믿어요?"

그의 어머니가 고개를 가로저었다.

"제발, 좀 엄마. 날 믿어 줘요."

"알았어." 그의 어머니가 목이 메는 듯 말했다. 그녀는 그를 쳐다보았다. "널 믿는다. 헤롤드."

크렙스는 그녀의 머리에 키스를 했다. 그녀는 얼굴을 들어 그를 바라보았다.

"난 네 엄마야." 그녀가 말했다. "네가 아주 어렸을 때부터 너는 내 목숨 다음으로 소중한 사람이었단다."

크렙스는 속이 매스껍고 구역질이 날 것만 같았다.

"알아요. 엄마." 그는 말했다. "엄마를 위해 착한 아들이 되려고 노력할게요."

"무릎 꿇고 나랑 기도할래? 헤롤드!" 그의 어머니가 말했다.

그들은 부엌 식탁 옆에 무릎을 꿇고 앉았고 크렙스의 어머니는 기도를 했다.

"헤롤드! 이제 네가 기도해 보렴." 그녀가 말했다.

"못해요." 크렙스가 말했다.

"해봐. 헤롤드."

"못하겠어요."

"그럼 내가 너 대신 기도해 줄까?"

"네." 그래서 그의 어머니는 그를 대신해서 기도를 한 다음 그들은 일어섰다. 크렙스는 어머니에게 키스를 했고 집 밖으로 나왔다. 자기 인생이 골치 아파지지 않도록 그렇게 했던 것이다. 그럼에도 불구하고 어느 것 하나도 그의 마음에 영향을 주지 못했다. 그는 어머니에게 미안한 마음이 들긴 했지만 그가 거짓말을 하게 만든 것은 어머니였다. 그는 캔자스 시로 가서 직장을 잡을 것이고 그녀는 그것에 대해 흡족해 할 것이다. 그가 떠나기 전 아마도 한 가지 상황이 더 있을 것이다. 그는 아버지 사무실에 가지 않을 작정이다. 그것은 잊어버릴 것이다. 그는 자기 인생이 순조롭게 굴러 가기를 원했다. 방금까지 그런 식으로 가고 있었다. 아무튼 이제 그것은 모두 끝났다. 그는 학교 운동장으로 가서 헬렌이 실내에서 야구 경기 하는 모습을 지켜볼 것이다.

# 두 개의 심장이 있는 큰 강
## 1부

기차는 철길을 따라 달려가다가 수목이 불타 버린 어느 구릉지를 돌아 시야에서 사라졌다. 닉은 수화물 담당자가 화물칸 문 밖으로 던진 침구와 텐트 꾸러미 위에 앉았다. 마을이라고는 전혀 찾아볼 수 없었고 기찻길과 불로 전소된 농토뿐이었다. 시니(Seney)의 거리에 늘어서 있던 열세 곳의 술집들 역시 흔적도 없이 사라졌다. 맨션 하우스 호텔의 주춧돌들이 땅 위로 쑥 튀어나와 있었다. 돌은 화염에 잘라지고 쪼개져 있었다. 시니 시내에 남아 있는 건 그게 다였다. 심지어 땅 표면까지 불에 탄 상태였다.

　닉은 마을 집들이 드문드문이라도 보일까 싶어 전소된 구릉지를 둘러보았고, 그런 다음 철길을 따라 강 위의 다리까지 걸어 내려왔다. 강은 그 자리에 그대로 있었다. 강물이 통나무 말뚝 가까이에서 소용돌이쳤다. 바닥에 깔린 자갈 때문에 갈색 빛을 띠는 맑은 강물을 바라보고 있는데, 물살 속에서 지느러미를 흔들며 몸을 가누고 있는 송어들이 보였다. 그가 그 모습을 지켜보자, 녀석들은 재빠르게 몸을 틀어 자리를 옮기더니 다시 빠른 물살에 몸이 흔들리지 않게 균형을 잡았다. 닉은 오랜 시간 녀석들을 관찰했다.

그는 흐르는 물속에서 송어들이 주둥이를 이용해 균형을 유지하는 모습을 지켜보았다. 많은 송어들이 빠르고 깊은 강물 속에 있었고, 거울같이 볼록한 수면을 통해 저 아래를 보니 약간 일그러져 보였다. 강물이 다리를 이루는 통나무 말뚝의 저항에 부딪히면서 수면이 매끄럽게 부풀어 올랐다. 강바닥에는 큰 송어들이 자리를 잡고 있었다. 닉은 처음에는 못 보고 지나쳤다. 그러다가 물살에 자갈과 모래가 뿜어져 올라와 뿌옇게 된 자갈투성이의 바닥에서 녀석들이 중심을 잡고, 강바닥에 있는 것을 발견했다.

닉은 다리에서 강물 속을 내려다보았다. 무더운 날이었다. 물총새 한 마리가 강 상류로 날아갔다. 물속을 들여다보면서 송어를 지켜본 게 얼마 만인지 모르겠다. 녀석들이 아주 마음에 들었다. 물총새의 그림자가 강 상류로 이동하자 커다란 송어 한 마리가 큰 각을 이루며 상류 쪽으로 쏜살같이 헤엄쳤는데, 녀석의 그림자로만 그 각도를 알 수 있었다. 그러다가 녀석이 수면 위로 나타나 햇빛을 받으면서 그림자는 사라졌다. 다시 수면 아래 강물

속으로 들어가자 녀석의 그림자가 저항 없이 물살을 타고 다리 아래 자기 자리로 흘러가는 듯 보였고 그곳에서 녀석은 몸에 잔뜩 힘을 주며 물살에 맞섰다.

송어가 움직이자 닉도 잔뜩 긴장했다. 예전 느낌들이 전부 되살아나는 것 같았다.

그는 고개를 돌려 강 아래쪽을 바라보았다. 강은 넓게 펼쳐졌고, 자갈투성이 여울과 큰 바위들, 깊은 웅덩이들이 눈에 띄었다. 절벽 아래를 빙 두르며 저 멀리 흘러내려 갔다.

닉은 철길 옆 재속에 자기 배낭이 놓여 있는 곳까지 침목*을 따라 다시 걸었다. 그는 행복했다. 닉은 짐 꾸러미 주변의 벨트를 조절하고 다른 끈들도 바짝 잡아당겨 배낭을 등에 멘 다음 어깨끈 사이로 팔을 넣었고, 배낭에 이어지는 띠에 이마를 대어 어깨에 쏠린 힘을 어느 정도 분산시켰다. 그럼에도 불구하고 배낭은 아주 무거웠다. 꽤 무거웠다. 그는 가죽 낚싯대 가방을 손에 들고 있었다. 배낭의 무게가 어깨 위쪽으로 오게 하려고 앞으로 몸을 구부린 그는 더위 속에 타 버린 마을을 뒤로 한 채 철길과 나란한 도로를 따라 걸었다. 어느덧 다시 시골로 이어지는 길 양쪽에 불에 탄 흔적이 있는 높은 비탈길을 돌아 그곳을 벗어났다. 그는 무거운 배낭이 당기는 힘에 통증을 느끼면서 길을 따라 걸었다. 길은 계속해서 오르막이었다. 언덕 위로 오르는 것은 고역이었다. 근육도 뻐근하고 무더웠지만 그래도 닉은 행복했다. 모든 것,

---

* 선로 아래에 까는 나무나 콘크리트로 된 토막.

그러니까 생각해야 할 의무, 글을 써야 할 의무, 그 밖의 다른 의무들을 전부 두고 온 느낌이었다. 그것은 모두 그의 뒤에 있었다.

그가 기차에서 내리고 수화물 담당자가 열린 차문 밖으로 배낭을 던져 줬을 때부터, 모든 게 달라졌다. 시니도 불에 탔고 농촌 지역도 다 타 버려 변했지만, 그건 중요하지 않았다. 모든 게 전소될 수는 없었다. 그는 그걸 알고 있었다. 그는 뙤약볕에 땀을 뻘뻘 흘리며 길을 따라 걷다가, 철길과 소나무 숲을 가르며 잇달아 이어진 언덕들을 거슬러 올라갔다.

길은 계속 이어졌고 간혹 내리막길도 있었지만 언제나 오르막길이었다. 닉은 계속 올라갔다. 마침내 불탄 경사면과 길이 나란해지면서 정상에 이르렀다. 닉은 그루터기에 등을 기댔고 배낭 벨트를 풀었다. 저만치 앞쪽으로 소나무 숲이 보였다. 쭉 늘어선 능선 왼쪽에서부터 불에 탄 자국이 보이지 않았다. 앞쪽에는 섬처럼 생긴 거무스름한 소나무 숲들이 평원에 우뚝 솟아 있었다. 왼쪽 저 멀리 강줄기가 보였다. 닉은 눈으로 그것을 쫓다가 햇빛에 강물이 반짝이는 모습을 보았다.

닉의 앞쪽으로 소나무 평원 말고는 아무것도 없었지만 저 멀리 슈피리어 호수(Lake Superior)의 분수계*를 나타내는 푸른 언덕들이 보였다. 그것들은 평원 너머 저 멀리 마른번개 속에 희미하게 자리하고 있어서 거의 보이지 않았다. 뚫어져라 계속해서 쳐다보면 오히려 보이지 않았다. 그저 슬쩍 바라볼 때 저 멀리 분수

---

* 한 근원의 물이 두 갈래 이상으로 갈라져 흐르는 경계.

계 언덕들은 그곳에 있었다.

닉은 까맣게 탄 그루터기에 기대앉아 담배를 피웠다. 등 부분이 움푹 들어간 배낭을 그루터기 위에 반듯하게 세워 놓고 언제라도 출발할 수 있게 벨트를 조절해 두었다. 닉은 앉아 담배를 피우면서 주변을 둘러보았다. 지도는 꺼낼 필요도 없었다. 강의 위치를 통해 자기가 어디 있는지 파악할 수 있었다.

그가 다리를 앞쪽으로 쭉 뻗고 담배를 피우는데, 땅위를 걷던 메뚜기 한 마리가 그의 양모 양말 위로 올라오는 것이 보였다. 메뚜기는 검은색이었다. 아까 길을 따라 오르막을 오를 때에도 갑자기 땅에서 수많은 메뚜기들이 튀어나왔다. 전부 검은 색이었다. 녀석들은 노란빛이 도는 검은색, 혹은 붉은빛이 도는 검은색 날개를 가진 크지 않은 메뚜기들이었는데, 녀석들이 위로 날아오르자 검은 날개 덮개에서 윙윙 소리가 났다. 이들은 흔히 볼 수 있는 메뚜기들이지만, 색깔이 모두 검댕 같은 검은색이었다. 사실 닉은 녀석들에 대해 별 생각이 없다가, 걸으면서 왠지 녀석들이 궁금해졌다. 이제 네 부분으로 나눠진 입으로 그의 양모 양말을 야금야금 먹고 있는 검은 메뚜기를 쳐다보면서, 그는 녀석들이 불에 탄 땅에 살면서 모두 검은색으로 변했다는 사실을 알아챘다. 분명 화마가 덮친 것은 1년 전이었지만, 여전히 메뚜기들은 모두 검은색이라는 사실을 깨달은 것이다. 그는 녀석들이 앞으로 얼마나 오랫동안 이런 색깔로 있을지 궁금했다.

그는 조심스레 손을 아래쪽으로 뻗어 메뚜기의 날개를 잡았다. 녀석을 뒤집자 공중에서 발버둥을 쳤고 그는 녀석의 마디진

배를 살펴보았다. 그렇구나. 배 역시 검은색이었고 먼지투성이인 등과 머리는 보는 각도에 따라 색깔이 변했다.

"가라. 메뚜기야." 닉은 처음으로 큰소리로 말했다. "어디로 든 날아가라."

그는 메뚜기를 하늘로 던졌고 녀석이 길을 지나 까맣게 탄 그 루터기로 미끄러지듯 날아가는 것을 지켜보았다.

닉은 일어섰다. 그러더니 그루터기 위에 똑바로 세워 둔 무거운 배낭에 등을 댄 후 팔을 어깨끈 사이로 집어넣었다. 그는 등에 배낭을 멘 채로 언덕 꼭대기에 서서 시골 저 너머 멀리 흐르는 강을 둘러본 뒤, 길에서 떨어진 비탈길로 내려갔다. 땅을 밟는 것은 효과적인 걷기 운동이었다. 200야드쯤 비탈길을 내려가자 불탄 자국이 사라졌다. 그때부터 걸어서 지나갈 수 있을 정도로 소귀나무*가 발목 높이만큼 자라 있었고 뱅크스소나무 숲도 보였다. 자주 오르락내리락하며 넘실대는 지형이 길게 펼쳐졌고, 발밑은 모래투성이에다 땅이 되살아난 것 같았다.

닉은 태양을 보고 방향을 잡았다. 그는 강이 어디에 있는지를 알고 있어서 소나무 숲을 계속 헤치며 지나갔다. 그러면서 작은 둔덕 위에 올라 그 앞에 있는 다른 둔덕들을 보기도 했고 오른쪽이나 왼쪽 저 멀리 섬처럼 크고 빽빽한 소나무 숲을 보기도 했다. 그는 히스† 같은 소귀나무들의 잔가지를 꺾어 배낭끈 아래에 두었다. 끈에 쏠리면서 그것이 으깨졌고 그는 걸어가면서 그

---

* 북미산이며 고사리 모양의 잎에 향기가 남.
† 황야에 자생하는 관목.

냄새를 맡았다.

너무 더웠고, 울퉁불퉁하고 그늘 없는 소나무 숲을 걸어 다니느라, 그는 피곤했다. 언제든 왼쪽으로 벗어나면 강을 만날 수 있다는 걸 알고 있었다. 1마일도 떨어져 있지 않았다. 하지만 하루는 걸어야 도착할 수 있는 저 멀리 상류에서 강을 만나기 위해 계속해서 북쪽으로 올라갔다.

한참을 걷다 보니, 자기가 지나온 경사가 완만한 고지대 너머에 툭 튀어나온 커다란 소나무 섬 하나가 시야에 들어왔다. 그는 아래쪽으로 내려갔고, 다리 꼭대기까지 천천히 올라가다가 방향을 바꿔 소나무 숲으로 향했다.

소나무 숲섬에는 덤불이라고는 전혀 없었다. 나무줄기들이 위로 쭉 뻗어 있거나 서로를 향해 기울어져 있었다. 곧은 나무줄기에는 가지가 없고 갈색 빛을 띠었다. 가지들은 저 위쪽 높은 곳에 있었다. 어떤 가지들은 서로 뒤엉켜 갈색 숲 바닥에 짙은 그늘을 마련해 주었다. 나무 숲 주변에는 텅 빈 구역이 있었다. 그곳으로 걸어가니 갈색 빛을 띠었고 발밑이 폭신폭신했다. 이곳 바닥에는 솔잎들이 여러 겹 쌓여 있었고, 높은 가지들의 너비보다 넓게 펼쳐져 있었다. 나무들은 높이 쑥쑥 자랐고 가지들도 위로 뻗어 나가면서, 한때 자기들의 그림자에 덮여 있었던 이 텅 빈 공간을 햇빛에 맡겼다. 숲 바닥이 이렇게 쭉 이어지는가 싶더니 그 끝에서부터 소귀나무들이 눈에 많이 띄기 시작했다.

닉은 배낭을 벗어 내려놓고 그늘 속에 누웠다. 등을 대고 누워 소나무를 쳐다보았다. 기지개를 켜자 목과 등, 허리 부분이 편안해졌다. 땅에 등을 대니 기분이 좋아졌다. 가지 사이로 하늘을 바라보다가 눈을 감았다. 눈을 뜬 후 다시 위를 올려다보았다. 가지 사이 저 높은 곳으로 바람이 지나갔다. 그는 다시 눈을 감았고 스르르 잠이 들었다.

닉이 깨어났을 때, 온몸이 뻐근하며 저려 왔다. 해가 거의 진 상태였다. 배낭을 들자 무거웠고 끈을 묶자 고통스러웠다. 그는 배낭을 멘 채로 상체를 구부린 다음 가죽 낚싯대 가방을 집어 들고 소나무 숲에서 나와 소귀나무가 있는 늪지대를 지나 강으로 향했다. 거기까지 1마일도 안 될 거라는 걸 그는 잘 알고 있었다.

그는 그루터기로 뒤덮인 비탈길 아래를 지나 어느 풀밭으로 들어갔다. 풀밭 가장자리에 강이 흐르고 있었다. 닉은 강에 도착한 것이 기뻤다. 그는 풀밭을 지나 상류 쪽으로 걸어갔다. 그렇게 걷다 보니 이슬에 바지 자락이 축축해졌다. 날이 더워지면 이슬이 빨리, 그리고 많이 생겼다. 강에서는 아무 소리도 들리지 않았다. 물살이 아주 빠르면서 부드러웠다. 풀밭 가장자리에 있던 닉은 텐트를 치기 위해 높은 지대로 올라가기에 앞서, 강 하류 쪽에서 송어가 튀어 오르는 모습을 내려다보았다. 해가 지자, 녀석들은 강 반대편 늪에서 날아온 벌레들을 쫓아 수면 위로 올라오고 있었다. 벌레들을 잡기 위해 송어가 물 밖으로 펄쩍 튀어 올랐다. 닉이 강 옆에 펼쳐진 작은 풀밭을 걸어가는 동안, 송어는 물 밖으로 높이 튀어 올랐다. 그때쯤 강 하류 쪽을 보자, 벌레들이 수면 위에 자리를 잡고 있는 게 분명한 것 같았다. 송어가 계속 하류 쪽에서 먹이를 먹고 있었기 때문이다. 저 멀리 아래쪽을 바라보니, 송어가 튀어 오르면서 강 표면에 동그란 파문을 일으켰는데 그 모습이 흡사 비가 내리는 것 같았다.

수목이 울창하고 모래로 덮여 있는 땅으로 올라오니, 풀밭과 쭉 뻗은 강, 늪지대가 내려다보였다. 닉은 배낭과 낚싯대 가방을 내려놓고 평평한 땅을 찾아보았다. 배가 무척 고팠지만 음식을 만들기 전에 텐트부터 치고 싶었다. 두 그루의 뱅크스소나무 사이에 있는 땅은 아주 평평했다. 그는 배낭에서 도끼를 꺼내 튀어 나온 뿌리 두 개를 잘라 냈다. 그러자 잘 수 있을 만한 평평하고 넓은 땅이 생겼다. 그는 손으로 모래투성이의 흙을 잘 폈고 뿌리 옆에 있는 소귀나무 덤불을 뽑아냈다. 그러자 손에서 소귀나무의 상쾌한 향기가 진동했다. 그는 뿌리가 뽑힌 땅을 평평하게 잘 폈다. 담요 아래에 불룩 튀어나온 부분이 하나도 없기를 바랐다. 땅을 평평하게 매만진 다음 담요 석 장을 펼쳤다. 담요 한 장은 반으로 접어 땅 바로 위에 놔두었고 그 위에 나머지 두 장을 펼쳤다.

닉은 도끼를 이용해 한 그루터기에서 밝은 소나무 판을 잘게 잘라낸 다음, 텐트에 사용할 말뚝용으로 쪼개 놓았다. 그것들을 땅에 고정시키기 위해 그것들이 길고 견고하길 그는 원했다. 텐트를 꺼내 땅에 펼쳐 놓으니, 뱅크스소나무에 기대 놓은 배낭이 아주 작아 보였다. 닉은 텐트의 들보 막대 구실을 할 밧줄을 소나무 몸통에 묶은 다음, 밧줄의 반대쪽 끝을 잡아당겨 텐트를 땅 위로 끌어올렸고, 그 밧줄을 다른 소나무에 묶었다. 텐트가 밧줄 위에 걸려 있는 모습이 마치 캔버스 천 담요가 빨래 줄에 걸려 있는 것 같았다. 그가 잘라 놓은 막대기를 캔버스 천의 뒤쪽 뾰족한 부분 아래에 찔러 넣은 다음, 양쪽을 고정시켜 텐트를 완성했다. 그는 양쪽을 팽팽하게 고정시켰고 말뚝들을 깊게 박아 넣었고, 밧줄 고리가 땅에 푹 파묻히고 캔버스 천이 북처럼 팽팽해질 때까지 도끼의 편편한 부분을 이용해서 그것들을 땅 속으로 내리쳤다.

텐트의 탁 트인 입구 맞은편에 그는 모기의 접근을 막기 위해 성기게 짠 면직물을 설치해 두었다. 그리고 비스듬한 캔버스 텐트 아래 잠자리 머리맡에 두려고 배낭에서 여러 가지를 꺼내 들고 모기장 밑으로 기어들어 갔다. 갈색 캔버스 천을 통해 햇빛이 텐트 안쪽으로 스며들었다. 텐트 안에서는 캔버스 천의 기분 좋은 냄새가 났다. 벌써부터 뭔가 신비로우면서도 제 집 같은 편안한 느낌이 들었다. 텐트 안으로 기어들어 가자 닉은 행복했다. 그렇다고 하루 종일 불행했던 것은 아니다. 하지만 이건 뭔가 달랐다. 이제 할 일이 끝났다. 이것을 해야 했는데, 이제 그것을 끝낸 것이다. 힘든 여행이었다. 그는 매우 피곤했다. 그것을 해냈다. 그는 텐트도 쳤다. 자리도 잡았다. 그 어떤 것도 그의 신경을 건드리지 않았다. 이곳은 야영하기에 안성맞춤이었다. 그는 이곳, 그 탁월한 장소에 있었다. 그리고 자신이 만든 자기 집에 있었다. 이제 슬슬 배가 고팠다.

그는 빨래 줄 아래로 기어서 밖으로 나왔다. 밖은 꽤 어두워졌다. 텐트 안이 더 밝았다.

닉은 배낭이 있는 쪽으로 가서 배낭 안 바닥에, 못이 들어 있는 종이 봉지에서 손가락으로 긴 못 한 개를 찾아냈다. 그러더니 못을 꽉 잡고 도끼의 편편한 부분으로 조심스럽게 치면서 소나무에 박았다. 그런 다음 그 못에 배낭을 걸었다. 그가 필요한 물품 전부가 배낭 안에 들어 있었다. 배낭은 바닥에서 벗어나 이제 보금자리가 마련된 셈이다.

닉은 배가 고팠다. 지금처럼 배가 고팠던 적은 없었던 것 같다. 그는 돼지고기와 완두콩 통조림과 스파게티 통조림을 꺼내 프라이팬에 전부 부었다.

"기꺼이 지고 왔으니 이런 음식을 먹을 자격이 있어." 닉이 말했다. 어두컴컴한 숲속에서 그의 목소리가 낯설게 느껴졌다. 그는 다시는 입도 뻥긋하지 않았다.

닉은 도끼로 그루터기에서 잘라 낸 소나무 장작들로 불을 피우기 시작했다. 부츠 신은 발로 석쇠의 네 다리를 땅 속에 밀어 넣어 모닥불 위에 석쇠를 꽂아 두었다. 닉은 프라이팬을 불 위 석쇠에 올려놓았다. 점점 더 배가 고파 왔다. 콩과 스파게티를 따뜻하게 데워 휘휘 저은 다음 함께 섞었다. 거품이 일기 시작했는데, 작은 거품들이 표면으로 간신히 올라왔다. 냄새도 끝내 줬다. 닉은 토마토케첩 병을 꺼냈고 빵을 네 조각으로 잘랐다. 이제 작은 거품들이 아까보다 더 빠르게 보글거리며 올라오고 있었다. 닉은 모닥불 옆에 앉아 프라이팬을 들어 올렸다. 내용물의 반 정도를 양철 그릇에 부었고 그것은 접시 위로 천천히 퍼져 나갔다. 닉은 내용물이 무척 뜨겁다는 걸 알고 있었다. 그는 토마토케첩을 약간 넣었다. 콩과 스파게티는 여전히 뜨거웠다. 그는 모닥불을 바라보더니 텐트 쪽으로 시선을 돌렸다. 혀를 데는 바람에 식사를 엉망으로 만들 생각은 없었다. 그는 수년 동안 튀긴 바나나라면 질색했다. 그것들이 식을 때까지 기다리지 못했기 때문이다. 그의 혀는 매우 민감했다. 그는 무척 배가 고팠다. 늪지대 안쪽, 거의 캄캄해진 강 너머로 옅은 안개가 피어오르는 것이 보였다. 그는 한 번 더 텐트를 보았다. 됐어. 그는 그릇에서 한 스푼 가득 퍼서 먹었다.

"세상에!" 닉은 말했다. "끝내 주네." 그는 행복해 하며 말했다.

한 그릇을 전부 비우고 나자 그제야 빵이 생각났다. 닉은 빵으로 그릇을 윤이 나도록 닦으면서 빵과 함께 두 번째 그릇을 깨끗하게 비웠다. 그는 세인트 이그너스 역 식당에서 커피 한 잔과 햄 샌드위치를 먹은 뒤, 아무것도 먹지 못했다. 정말 멋진 경험이었다. 그는 이전에도 그 정도로 배가 고팠던 적은 있었지만 식사가 흡족했던 적은 없었다. 그가 하려고만 했다면 수 시간 전에 텐트를 쳤을 것이다. 강가 쪽에도 텐트를 칠만한 좋은 장소는 널려 있었으니까. 하지만 이곳이 마음에 들었다.

닉은 석쇠 밑에 나무 조각 큰 것 두 개를 쑤셔 넣었다. 불이 활활 타올랐다. 그런데 커피를 타 먹을 물을 떠오는 걸 깜박했다. 그는 배낭에서 잘 접은 캔버스 천 물통을 꺼낸 다음, 언덕을 내려가서 풀밭 가장자리를 지나 강가로 걸어갔다. 건너편 강기슭에 하얀 물안개가 자욱하게 덮여 있었다. 강기슭 위에 무릎을 꿇고 캔버스 천 물통을 강물에 담그니, 풀들이 젖어 있었고 차가웠다. 물통이 불룩해지면서 물살에 세게 끌려갔다. 물은 얼음처럼 차가웠다. 닉은 물통을 헹군 다음 물을 가득 채워 텐트 있는 곳까지 가져왔다. 강에서 벗어나 위로 올라가니 물은 그다지 차갑지 않았다.

닉은 큰 못 하나를 더 박은 다음, 물이 가득 들어 있는 물통을 걸었다. 그는 커피포트에 반 정도 차게 물을 부은 다음, 모닥불 위 석쇠 밑에 나무 조각을 좀 더 집어넣고는 포트를 그 위에 얹었다. 그런데 커피 만드는 방법이 생각나질 않았다. 그 문제로 홉킨스와 논쟁을 벌였던 기억은 나는데, 어떤 방법을 사용했는지 생각나지 않았다. 그는 커피를 끓이기로 결정했다. 그제야 그것이 홉킨스의 방식이었다는 게 떠올랐다. 예전에 그는 홉킨스와 별의별 것을 가지고 논쟁을 벌였다. 그는 커피가 끓을 동안 기다리면서 살구가 든 작은 통조림을 땄다. 통조림 따는 것이 재미있었다. 살구 통조림을 양철 컵에 전부 부었다. 그는 모닥불 위에 있는 커피를 유심히 지켜보면서 살구 주스 시럽을 마셨다. 처음에는 흘리지 않으려고 조심했지만 잠깐 골똘히 생각하더니 살구를 들이마셨다. 이 살구들은 날 것보다 훨씬 맛있었다.

그가 지켜보는 가운데 커피가 끓었다. 뚜껑이 들썩였고 커피와 찌꺼기들이 포트 옆으로 흘러넘쳤다. 닉은 그것을 석쇠에서 들어 올렸다. 홉킨스의 승리였다. 그는 살구를 담았던 빈 컵에 설탕을 넣었고 커피를 부어 식히려고 했다. 하지만 너무 뜨거워서 제대로 부을 수가 없었다. 그래서 모자를 사용해서 커피포트의 손잡이를 잡았다. 그는 컵을 포트 안에 집어넣지 않았다. 첫 번째 컵은 그렇게 하지 않았다. 쭉 홉킨스 식으로 해야 했다. 홉은 그럴 만한 가치가 있는 사람이었다. 그는 아주 심한 커피 애호가였다. 닉이 알고 있는 사람 중 가장 심했다. 그냥 심한 정도가 아니라 중증이었다. 그것은 오래전 일이었다. 홉킨스는 입술을 움직이지 않고 말을 했다. 폴로 경기도 했다. 텍사스에서 수백만 달러를 벌기도 했다. 그는 첫 번째 유전이 발견됐다는 전보를 받았을 때 차비를 빌려 시카고로 갔다. 차비를 부치라고 전보를 칠 수 있었지만 그러면 너무 늦을지도 몰랐던 것이다. 그들은 홉의 여자 친구를 금발의 비너스라고 불렀다. 홉은 진짜 여자 친구가 아니었기 때문에 신경 쓰지 않았다. 홉킨스는 그 누구도 자신의 진짜 여자 친구를 놀리지 못할 거라고 아주 확신하며 말했다. 그의 말이 옳았다. 홉킨스는 전보가 오자마자 떠났다. 블랙 리버에 있을 때였다. 그 전보가 그에게 도착하는 데 8일이 걸렸다. 홉킨스는 자신의 22구경 콜트 자동 소총을 닉에게 선물로 주었고 카메라는 빌에게 주었다. 자신을 항상 기억해 달라는 뜻이었다. 그들은 이듬해 여름 다시 낚시를 가기로 했다. 홉 헤드는 부자였다. 그는 요트를 구입하려 했고 슈피리어 호의 북쪽 해안을 따라 유람선 여행을 할 계획이었다. 그는 흥분했지만 진지했다. 그들은 작별 인사를 나눴고 모두 서운해 했다. 그렇게 여행은 끝났다. 그들은 다시는 홉킨스를 보지 못했다. 그것은 오래 전에 블랙 리버에서 있었던 일이다.

닉은 커피, 그러니까 홉킨스 방식의 커피를 마셨다. 커피가 썼다. 닉은 웃었다. 그것으로 이야기의 끝도 좋아졌다. 정신이 서서히 말똥말똥해지고 있었다. 하지만 무척 피곤했기 때문에 오래 가지 못할 거라는 걸 알고 있었다. 그는 포트에서 커피를 버리고 찌꺼기를 아무렇게나 불 속에 털어 넣었다. 그는 담배에 불을 붙인 다음 텐트 안으로 들어갔다. 담요 위에 앉아 신발과 바지를 벗은 다음, 바지 안쪽에 신발을 넣고 돌돌 말아 베개로 삼았고 담요 사이로 들어갔다.

그는 텐트 입구 너머 바깥쪽에 있는 모닥불 불빛을 바라보았다. 그때 밤바람이 모닥불 위로 지나갔다. 고요한 밤이었다. 늪은 완벽할 정도로 조용했다. 닉은 담요 아래로 편안하게 몸을 쭉 뻗었다. 모기 한 마리가 귀 가까이에서 윙윙거렸다. 닉은 일어나 앉아 성냥을 켰다. 모기는 머리 위쪽 캔버스 천위에 있었다. 닉은 모기가 있는 위쪽으로 재빨리 성냥을 옮겼다. 모기는 불 속에서 쉬익 하며 만족스런 소리를 냈다. 성냥불이 꺼졌다. 닉은 다시 담요 안에 누웠다. 그는 모로 누워 눈을 감았다. 졸렸다. 졸음이 몰려왔다. 그는 담요 아래에서 몸을 웅크리고 잠이 들었다.

# 두 개의 심장이 있는 큰 강
## 2부

아침 해가 뜨자 텐트는 다시 더워지기 시작했다. 닉은 텐트 입구에 쳐놓은 모기장 아래로 기어 나와 아침을 맞이했다. 밖으로 나가 풀을 만져 보니 축축했다. 그는 바지 자락을 잡고 신발을 들었다. 해가 막 산등성이 위로 떠올랐다. 풀밭과 강, 늪이 있었다. 강 건너 푸르른 늪에 자작나무들이 있었다.

이른 아침, 강물은 맑았고 잔잔하면서도 빠르게 흘렀다. 200 야드 정도 아래쪽으로 강을 가로질러 통나무 세 개가 놓여 있었다. 이것들 덕분에 강물이 잔잔해졌고 통나무를 덮을 정도로 수심도 깊었다. 닉이 유심히 바라보니, 밍크 한 마리가 통나무 위로 강을 건너더니 늪으로 사라졌다. 닉은 흥분했다. 이른 아침과 강에 매료되었다. 사실 그는 너무 서두른 나머지 아침을 먹지 못했는데 먹어야 할 것 같았다. 그는 작은 모닥불을 피운 다음 커피포트를 얹었다.

포트에서 물이 끓는 동안, 그는 빈 병을 들고 고지대 가장자리 너머로 내려가서 풀밭 쪽으로 향했다. 풀밭은 이슬에 젖어 있었고 닉은 햇빛에 풀잎의 물기가 마르기 전에 미끼용 메뚜기를 잡고 싶었다. 그는 적당한 메뚜기들을 많이 발견했다. 녀석들은 풀줄기 맨 아랫부분에 모여 있었다. 풀줄기에 매달려 있는 녀석들도 더러 있었다. 메뚜기들은 이슬에 젖어 차가웠고, 햇볕이 그들을 따뜻하게 데워 줄 때까지 뛸 수 없었다. 닉은 중간 크기의 갈색 녀석들만 골라잡아 병에 집어넣었다. 어느 통나무 위로 고개를 돌렸는데, 가장자리 은신처 바로 아래에 수백 마리의 메뚜기들이 모여 있었다. 메뚜기들이 거처하는 보금자리였다. 닉은 중간 크기의 갈색 녀석들로만 약 쉰 마리를 잡아 병에 넣었다. 그가 메뚜기들을 집어 들고 있을 때, 다른 녀석들은 햇볕에 몸을 따뜻하게 녹이다가 저 멀리 뛰어오르기 시작했다. 그렇게 뛰어 오르면서 날아갔다. 처음에는 녀석들이 한 번 비행을 하고 내려오더니 온 몸이 굳은 채로 가만히 있어서 녀석들이 죽은 줄만 알았다.

닉은 아침 식사를 마칠 때쯤이면 녀석들이 아주 팔팔해질 거라는 걸 직감했다. 풀잎에 맺힌 이슬이 없었다면, 적당한 메뚜기들을 한 병 가득 잡는데 하루 종일 걸렸을 테고, 잡더라도 모자로 녀석들을 힘껏 내리치는 통에 녀석들 대부분이 뭉개졌을 것이다. 그는 강물에 손을 씻었다. 강 가까이에 있으니 괜스레 신이 났다. 그런 다음 텐트로 걸어 올라갔다. 메뚜기들은 이미 풀밭에서 뻣뻣한 자세로 뛰어오르고 있었다. 병 속에 있던 메뚜기들도 햇볕에 몸이 녹아, 한꺼번에 뛰어오르고 있었다. 닉은 소나무 가지를 일종의 코르크 마개처럼 병 안에 집어넣었다. 그것으로 병 입구를 충분히 막을 수 있었고, 덕분에 메뚜기들은 밖으로 나오지 못하면서 통풍구도 충분히 만들어졌다.

그는 통나무를 도로 굴려 놓았고, 아침마다 거기에서 메뚜기를 잡을 수 있을 것 같았다.

닉은 팔짝팔짝 뛰는 메뚜기들로 가득한 병을 소나무 줄기에 기대 놓았다. 그러고는 후다닥 메밀가루를 물과 함께 섞은 다음 잘 섞이게 골고루 휘저었다. 메밀가루 한 컵, 물 한 컵. 그는 포트에 커피 한 움큼을 넣었고, 캔에서 기름을 듬뿍 덜어낸 다음 뜨거운 프라이팬에 미끄러지듯 넣자 지글거리는 소리가 진동했다. 그는 연기가 피어오르는 팬 위에 메밀 반죽을 살살 부었다. 반죽은 용암처럼 펼쳐졌고 기름이 지글거리는 소리가 커졌다. 메밀 케이크의 가장자리가 익기 시작했고 갈색으로 변하면서 바삭바삭해졌다. 케이크 표면에 천천히 거품이 일면서 여기저기 구멍이 생겼다. 닉은 밑면의 노릇노릇해진 부분 아래에 깨끗한 소나무 토막 하나를 집어넣었다. 팬을 좌우로 흔들자 케이크가 팬 표면에서 떨어졌다. 뒤집다가 떨어뜨리고 싶지 않아, 그는 생각했다. 닉은 그 깨끗한 나무토막을 케이크 아래에 밀어 넣은 다음 팬 위에 케이크를 뒤집었다. 팬에서 탁탁 튀는 소리가 났다.

요리가 되는 동안 닉은 팬에 다시 기름을 두른 다음 반죽을 전부 부었다. 그러자 두툼한 케이크 한 개와 그보다 작은 케이크 한 개가 더 나왔다.

닉은 큰 케이크 한 개와 작은 케이크 한 개에 사과 버터를 듬뿍 발라 먹었다. 세 번째 케이크 위에 사과 버터를 바르고 두 번 접은 다음 기름종이에 싸서 셔츠 주머니에 넣었다. 그리고 사과 버터 용기를 배낭에 다시 집어넣었고, 샌드위치 두 개를 만들기 위해 빵을 잘랐다.

그는 배낭에서 커다란 양파 한 개를 찾아냈다. 그것을 반으로 자른 다음 매끄러운 겉껍질을 벗겼다. 그런 다음 반쪽을 채 썰어 양파 샌드위치를 만들었다. 그는 샌드위치도 기름종이에 싸서 카키색 셔츠의 반대쪽 주머니에 넣고 단추를 채웠다. 그는 프라이팬을 석쇠 위에 뒤집어 놓았고 커피에 연유를 섞어 연한 갈색 빛이 도는 달달한 커피를 만들어 마신 다음 캠프를 깔끔하게 정리했다. 멋진 야영지였다.

닉은 가죽 낚싯대 가방에서 플라이 낚싯대를 꺼내 연결한 후, 가방은 도로 텐트 안에 아무렇게나 던져놓았다. 그는 릴을 작동시키고 가이드* 사이로 낚싯줄을 끼웠다. 줄을 끼울 때 이 손에서 저 손으로 그것을 잡아야 했다. 안 그러면 그 자체 무게 때문에 뒤로 빠져나갈 수 있기 때문이다. 그것은 끝이 뾰족하면서 두꺼운 이중 낚싯줄이었다. 오래 전에 8달러를 주고 구입했다. 그 줄

---

* 원형의 고리로 낚싯줄이 통과하는 곳. 낚싯대가 받는 힘의 부하량을 고루 분산시키는 역할을 하는 매우 중요한 부분이다.

은 공중에서 뒤로 젖혔다가 평평하고 세게 앞으로 곧게 쭉 뻗어 나갈 수 있도록 묵직하게 만들어졌는데, 그래야 아무 무게도 없는 미끼를 던질 수 있다. 닉은 목줄*이 들어 있는 알루미늄 상자를 열었다. 목줄이 축축한 플란넬 패드에 감겨 있었다. 닉은 세인트 이그너스까지 오는 동안 기차 내 음료수 냉각기에서 그 패드들을 물에 적셨다. 축축한 패드 안에 들어 있던 야잠사 목줄은 부드러워졌고 닉은 그중 하나를 풀어 묵직한 낚싯줄 끝 고리에 연결했다. 그리고 목줄 끝에 낚싯바늘을 고정시켰다. 낚싯바늘은 작았고 매우 얇았으며 탄력이 좋았다.

닉은 낚싯대를 무릎에 가로로 올려놓고 앉은 채로 낚싯바늘 쌈지†에서 바늘을 꺼냈고 줄을 팽팽하게 잡아당기면서 매듭과 낚싯대의 탄성력을 시험해 보았다. 느낌이 좋았다. 그는 바늘이 손가락에 찔리지 않도록 주의했다.

그는 낚싯대를 들고 강가로 내려가기 시작했다. 메뚜기가 들어 있는 병은 병의 잘록한 부분에 가죽 끈을 반 매듭으로 묶은 다음 목에 걸었다. 뜰채는 벨트 고리에 걸었다. 각 모서리를 귀 모양으로 묶은 기다란 마대 자루를 어깨에 걸쳤다. 끈이 어깨 너머로 내려갔다. 마대 자루가 다리에 부딪혀 펄럭였다.

닉은 주렁주렁 매달려 있는 장비 때문에 다소 어색하긴 했지만 왠지 프로가 된 듯 행복한 기분에 젖었다. 메뚜기가 들어 있는 병이 가슴에 부딪히면서 흔들렸다. 점심 식사와 플라이 낚시 쌈

---

* 낚싯줄 끝에 매어 다니는 투명하고 가는 낚싯줄.
† 플라스틱 쌈지나 양의 털, 펠트로 된 평평한 지갑.

지 때문에 셔츠 가슴 부분에 있는 주머니들이 불룩했다.

그는 강물에 들어갔다. 짜릿했다. 바지가 다리에 착 달라붙었다. 신발에 자갈이 느껴졌다. 차가운 전율이 등줄기를 타고 올라갔다.

거친 물살이 다리를 핥듯이 스쳤다. 그가 들어간 곳의 수심이 무릎 위쯤 되었다. 그는 물살을 헤치며 걸었다. 신발 밑에서 자갈이 미끄러지듯 움직였다. 그는 두 다리 아래쪽에 소용돌이치는 물살을 내려 보다 메뚜기 한 마리를 꺼내기 위해 병을 뒤집었다.

첫 번째 메뚜기가 병의 잘록한 부분에서 튀어 오르더니 물속으로 들어갔다. 녀석은 닉의 오른쪽 다리 옆의 소용돌이 아래로 빨려 들어갔다가 하류 쪽으로 좀 떨어진 수면에 모습을 드러냈다. 녀석은 버둥대면서 빠르게 떠내려갔다. 그러더니 잔잔한 수면에 파문을 일으키며 순식간에 생긴 동그라미 속으로 사라져 버렸다. 송어 한 마리가 녀석을 잡아먹은 것이다.

또 다른 메뚜기가 병 밖으로 얼굴을 내밀었다. 녀석의 더듬이가 흔들렸다. 튀어 나오려는지 앞발을 병 밖으로 내밀었다. 닉이 녀석의 머리 부분을 잡더니 턱 아래에서 흉부를 지나 복부의 마지막 체절 안으로 얇은 낚싯바늘을 끼웠다. 메뚜기는 앞발로 낚싯바늘을 잡고 그 위에 갈색 분비물을 내뿜었다. 닉은 녀석을 물속으로 던졌다.

닉은 오른손으로 낚싯대를 잡고 물속에서 메뚜기가 끌어당기는 힘을 고려하여 줄을 풀었다. 왼손으로 릴에서 낚싯줄을 풀었고 그것이 술술 풀리도록 내버려 두었다. 강물의 작은 일렁거림 속에서 그 메뚜기를 볼 수 있었다. 그러나 이내 시야에서 사라졌다.

줄이 당겨지는 느낌이 왔다. 닉은 팽팽한 줄을 잡아당겼다. 첫 번째 입질의 순간이었다. 이제 물살을 가르며 살아 움직이는 낚싯대를 잡고 그는 왼손으로 낚싯줄을 잡아당겼다. 당길 때마다 낚싯대가 휘어졌고 송어는 물살을 헤치며 요동쳤다. 어린 녀석이었다. 낚싯대를 공중으로 쭉 들어 올렸다. 끌어당기는 힘 때문에 낚싯대가 활처럼 휘었다.

물속에 있는 송어가 머리와 몸을 이러 저리 획획 흔드니, 강물 속 낚싯줄의 위치도 계속해서 바뀌었다.

닉은 왼손으로 낚싯줄을 잡고 이젠 기진맥진한 듯 물살에 부딪치는 송어를 수면 위로 잡아당겼다. 녀석의 등에는 물속 자갈 색깔 같은 선명한 반점이 있었고 옆구리는 햇빛을 받아 반짝반짝 빛났다. 닉은 오른쪽 겨드랑이에 낚싯대를 낀 채로 상체를 굽혀 오른손을 물속에 담갔다. 그는 젖은 오른손으로 팔딱거리는 송어를 잡았고 녀석의 주둥이에서 미늘*을 뽑은 다음 녀석을 강물 속으로 다시 던져 주었다.

송어는 강물에 위태롭게 떠 있다가 어느 돌덩이 옆쪽 바닥에 자리를 잡았다. 녀석을 만지려고 닉이 아래로 손을 뻗으니, 팔꿈치까지 물속에 잠겼다. 송어는 돌덩이 옆 자갈 위에서 휴식을 취하며 흐르는 강물 속에서 안정을 찾았다. 닉의 손가락이 녀석에

---

* 낚싯대 끝의 안쪽에 있는, 거스러미처럼 되어 고기가 물면 빠지지 않게 만든 작은 갈고리.

게 닿으면서 물속의 매끄럽고 차가운 녀석의 느낌이 전해지는 순간, 녀석은 사라졌다. 강바닥을 가로질러 그림자 속으로 자취를 감췄다.

녀석은 괜찮아, 닉은 생각했다. 녀석은 그저 피곤했을 뿐이야.

닉은 송어를 만지기 전에 이미 손이 젖은 상태였기 때문에 송어를 둘러싼 얇은 점액이 훼손되지는 않았을 것이다. 송어를 마른 손으로 만지면, 점액이 벗겨지면서 무방비 상태가 된 지점을 흰 곰팡이들이 공격한다. 수년 전, 플라이 낚시꾼들로 북적이던 강가에서 낚시를 한 적이 있었는데, 죽은 송어들만 계속해서 올라왔었다. 흰 곰팡이가 털처럼 뒤덮여 바위에 부딪히며 둥둥 떠내려가질 않나, 웅덩이에 배를 위로 한 채 둥둥 떠 있질 않나. 닉은 강에서 남들과 낚시하는 걸 좋아하지 않았다. 그들이 일행이 아닐 경우에는 그날 낚시를 망치곤 했으니까.

닉은 수심이 무릎 위까지 오는 강물을 버둥거리며 50야드 정도 떨어진 얕은 물을 지나 강을 가로지르는 통나무 더미 위쪽까지 내려갔다. 낚싯바늘에 미끼를 끼우지 않고 그냥 손에 쥔 채 물살을 헤치며 걸어갔다. 수심이 얕은 곳에서는 어린 송어들이 쉽게 잡히지만 그런 녀석들을 잡을 생각은 없었다. 하루 중 그 시간, 얕은 물에는 큰 송어가 없을 것이다.

이제 허벅지가 얼얼하고 차가워질 정도로 허벅지 위까지 수심이 깊어졌다. 앞쪽에는 통나무 다리에 막힌 물살이 잔잔하게 통나무 위를 넘실거렸다. 강물은 잔잔했고 어두웠다. 왼편에는 풀밭 아래쪽 가장자리가, 오른편에는 늪이 자리하고 있었다.

닉은 물살을 등지고 몸을 뒤로 젖히며 병에서 메뚜기 한 마리를 꺼냈다. 낚싯바늘에 메뚜기를 끼웠고 행운을 빌며 녀석에게 침을 뱉었다. 그런 다음 릴에서 수 야드의 낚싯줄을 잡아 당겨 앞쪽 유속이 빠르고 깊은 강물 위로 메뚜기를 던졌다. 녀석은 통나무 쪽으로 떠내려갔고, 그때 줄 무게 때문에 미끼가 수면 아래로 당겨졌다. 닉은 오른손으로 낚싯대를 잡고 손가락 사이로 낚싯줄이 풀려나가도록 내버려 두었다.

길게 잡아당기는 느낌이 왔다. 닉이 낚싯대를 낚아챘고 다시 살아난 낚싯대는 위험해졌다. 낚싯대가 두 배로 휘어지면서 줄이 팽팽해졌고 물 밖으로 나오면서 다루기 힘들고 위험천만한 당김이 계속되면서 팽팽해졌다. 점점 더 팽팽해져서 목줄이 끊어질 것 같은 느낌이 들자 닉은 줄을 풀었다.

낚싯줄이 맹렬한 속도로 풀려 나가면서 릴에서 삑삑거리는 기계음이 조금씩 들리기 시작했다. 너무 빨랐다. 닉은 그것을 도저히 막을 수 없었고 낚싯줄은 거침없이 풀려나갔고 그러면서 릴의 소리도 점점 커졌다.

릴의 중심부가 보이자, 흥분해서 심장이 멎는 듯 했고 얼얼할 정도로 허벅지를 타고 흐르는 물살에 맞서 상체를 뒤로 젖히며 닉은 왼손 엄지손가락으로 릴을 힘껏 움직였다. 엄지손가락을 플라이 낚시 릴 틀 안에 넣는 것이 영 서툴렀다.

그가 힘을 주자, 낚싯줄이 갑자기 심하게 팽팽해지더니 거대한 송어가 통나무 너머 물 밖으로 높이 치솟았다. 녀석이 펄쩍 튀어 오르자, 닉은 낚싯대의 끝부분을 낮추었다. 하지만 끝 부분을 내려놓으면서 당기는 힘을 줄이자, 그 순간 그 힘이 더욱 세지고 아주 팽팽해지는 것이 느껴졌다. 물론 목줄은 끊어졌다. 분명 낚싯줄의 탄성이 전부 사라지면서 그것이 말라 굳어질 때의 그 느낌이었다. 그러면서 줄이 느슨해졌다.

입이 바싹 마르고 심장이 내려앉았다. 닉은 릴을 감았다. 그렇게 큰 송어는 본 적이 없었다. 무거웠을 뿐만 아니라 버텨낼 수 없을 정도로 힘이 셌고 튀어 오를 때 녀석의 덩치도 장난이 아니었다. 녀석은 연어만큼이나 커 보였다.

닉의 손이 떨렸다. 그는 천천히 릴을 감았다. 너무나 짜릿했다. 메스꺼운 느낌이 약간 있어서, 앉는 편이 나을 것 같았다.

낚싯바늘이 연결되어 있던 목줄이 끊어졌다. 닉은 목줄을 잡았다. 통나무 밑, 불빛 저 아래쪽 자갈 위에서 턱에 낚싯바늘을 매단 채 흔들리지 않게 균형을 잡으며 강바닥 어딘가에 있을 송어를 생각했다. 닉은 송어의 이빨이 낚싯바늘의 목줄을 잘라 낼 거라는 걸 알고 있었다. 낚싯바늘은 녀석 턱에 박혀 있을 것이다. 송어가 단단히 화가 났을 텐데. 크기가 어떻든 화가 났을 것이다. 그게 송어다. 바늘은 녀석에게 단단히 박혔다. 바위처럼 단단하게 말이다. 그 녀석 역시 움직이기 전에는 바위 같았다. 맹세코 녀석은 대어였다. 맹세코, 들어본 것 중 가장 큰 녀석이었다.

닉은 풀밭 위로 기어 올라섰다. 물이 바지 아래로, 신발 밖으로 빠져 나왔고 신발에서 철벅철벅 소리가 났다. 그는 통나무 위로 올라가 앉았다. 주제할 수 없는 흥분을 가라앉혀야 했다.

그는 물이 찬 신발 속에서 발가락을 꼼지락거리다가 가슴팍 주머니에서 담배 한 개비를 꺼냈다. 불을 붙인 다음 통나무 아래로 빠르게 흐르는 물속으로 성냥을 던졌다. 성냥이 빠른 물살에 빙그르르 돌고 있을 때, 작은 송어 한 마리가 성냥이 있는 곳으로 올라왔다. 닉은 미소를 지었다. 그는 담배를 다 피울 생각이었다.

그는 통나무에 앉아 담배를 피우면서 햇볕에 몸을 말렸다. 등에 닿는 햇살이 따스했다. 앞쪽의 얕은 강물이 숲속으로 흘러 들어가더니 곡선을 그리며 숲으로, 빛이 반짝거리는 여울로, 잔잔한 수면의 큰 바위들 쪽으로, 강기슭을 따라 늘어선 삼나무와 흰 자작나무 사이로 흘러갔다. 햇빛을 받아 따뜻해진 통나무, 만져 보니 잿빛의 껍질도 없어 앉기에도 매끄러웠다. 실망감이 서서히 사라졌다. 천천히 사라졌다. 어깨를 아프게 했던 스릴감 이후 급격하게 다가온 실망감이었다. 이제 괜찮아졌다. 닉은 낚싯대를 통나무 위에 펼쳐 놓았다. 목줄을 새로운 낚싯바늘에 묶은 다음 목줄을 팽팽하게 잡아당기자 줄이 올라오다 멈추면서 그 자체로 단단한 매듭이 만들어졌다.

그는 낚싯바늘에 미끼를 끼운 다음 낚싯대를 들고 통나무 저 끝까지 걸어가 물로 들어갔다. 수심이 그리 깊지 않았다. 통나무 너머 아래쪽에 깊은 웅덩이가 있었다. 닉은 늪지대 근처 얕은 여울 주변을 걷다가 강바닥이 얕은 곳에 이르렀다.

왼편에 풀밭이 끝나고 숲이 시작되는 곳에 커다란 느릅나무가 뿌리째 뽑혀 있었다. 그것은 폭풍우에 쓰러져 숲 쪽으로 자빠져 있었다. 뿌리는 흙과 뒤엉겨 있었고 그 속에서 자란 풀이 강 옆 단단한 강기슭을 따라 올라갔다. 강물은 뿌리째 뽑힌 그 나무 가장자리를 헤치며 나아갔다. 닉이 서 있던 그곳에서부터 얕은 강바닥 안으로, 물살 때문에 생긴 홈 같은 깊은 수로가 나 있었다. 그가 서 있는 곳에는 자갈이 지천으로 깔려 있었고 그 너머에는 자갈뿐만 아니라 바위들도 가득했다. 강물이 나무뿌리 근처를 도는 곳의 바닥은 이회암이었고 깊은 물 속 홈들 사이에 난 녹색 물풀이 물살에 흔들렸다.

닉은 낚싯대를 어깨 너머 뒤쪽으로 젖혔다가 앞으로 던졌다. 낚싯줄이 곡선을 그리며 앞으로 뻗어 나갔고 물풀 속 깊은 수로 중 한 곳에 메뚜기를 내려놓았다. 송어 한 마리가 미끼를 물었고 닉은 녀석을 낚았다.

닉은 뿌리째 뽑힌 나무를 향해 멀리 낚싯대를 쭉 내민 채 물속을 철벅거리며 뒤쪽으로 이동하면서 낚싯대가 힘차게 휘어질 정도로 마구 요동치는 송어를 위험한 물풀에서 탁 트인 강으로 나오게 했다. 닉은 물살에 맞서 팔팔하게 요동치는 낚싯대를 쥐고 송어를 끌어당겼다. 녀석은 거세게 움직이면서도 계속 따라왔고 낚싯대의 탄성이 송어의 거친 몸부림에 굴복하면서 가끔 물속에서 마구 흔들리기도 했지만 매번 송어를 끌어 당겼다. 닉은 송어의 거친 몸부림에도 하류 쪽으로 천천히 움직였다. 그는 자기 머리 위로 낚싯대를 들어 올려 송어를 뜰채 쪽으로 유도한 후 들어올렸다.

송어가 뜰채 안에 묵직하게 매달려 있었는데 그물코 안으로 보니 등이 얼룩덜룩하고 옆구리가 은색인 송어였다. 닉은 녀석에게서 바늘을 빼냈다. 묵직한 옆구리는 잡기 좋았고 커다란 아래턱이 툭 튀어나와 있었다. 닉은 들썩거리며 심하게 미끄러지 듯 움직이는 녀석을 어깨에서 물까지 늘어진 긴 자루 안으로 미 끄러지듯 집어넣었다.

닉은 물살을 거슬러 자루의 입구를 펼치더니 그 안에 무거울 정도로 물을 한가득 담았다. 자루를 들어 그 바닥 부분을 강 속에 대자, 양쪽에서 물이 쏟아져 나왔다. 자루 바닥 안쪽에 큰 송어가 있었고 물속에서 활발하게 움직였다.

닉은 하류 쪽으로 이동했다. 앞서 이동하는 자루는 그의 어깨 에 떼어내어 물 속 깊이 잠겼다.

날이 점점 더워지고 있었고 햇볕은 그의 뒷목을 뜨겁게 내 리쬐었다.

닉은 괜찮은 송어 한 마리를 잡았다. 송어를 많이 잡는 것에 대해서는 관심이 없었다. 이제 수심이 얕고 폭이 넓어졌다. 강기 슭 양쪽을 따라 나무들이 늘어서 있었다. 왼쪽 강기슭에 있는 나 무들은 오전 햇살을 받아 강물에 자그마한 그림자를 만들었다. 닉은 그림자마다 송어가 있다는 것을 알고 있었다. 오후에 해가 산등성이 너머로 넘어가면 송어는 강 반대편 쪽에 시원한 그림 자 속에 있을 것이다.

아주 커다란 송어들은 강기슭 근처에 틀어박혀 있다. 블랙 리버에서는 언제든 그곳에서 녀석들을 잡을 수 있다. 해가 지면, 녀석들은 모두 강 쪽으로 나왔다. 해가 지기 전 빛 때문에 강물 이 보이지 않는 바로 그때는 물속 어디에서든 쉽게 커다란 송어 를 잡을 수 있었다. 하지만 낚시는 거의 불가능한데 수면이 태양을 반사하는 거울처럼 눈부시기 때문이다. 물론 상류에서 낚시를 할 수도 있지만 블랙 리버 같은 강에서라면, 물살을 거슬러 버둥대며 나아가야 하고, 수심이 깊은 곳에서는 강물이 사람을 덮치기도 했다. 이렇게 물이 많은 상류에서 낚시를 하는 건 재미가 없었다.

닉은 강기슭의 깊은 웅덩이에 주의하면서 얕은 지역을 헤치며 이동했다. 강가 근처에 너도밤나무 한 그루가 자라고 있었는데, 가지들이 물속에 드리워져 있었다. 잎 아래쪽으로 강물이 다시 흘러갔다. 이런 곳에는 어김없이 송어가 있었다.

닉은 그런 웅덩이에서 낚시를 하는 것에는 관심이 없었다. 가지에 바늘이 걸릴 게 뻔했기 때문이다.

하지만 수심이 깊어 보였다. 그가 메뚜기를 떨어뜨리자 물살에 휩쓸려 물속으로 들어가더니 쑥 나와 있는 가지 아래에 다시 모습을 드러냈다. 낚싯줄이 팽팽하게 당겨졌고 닉은 물고기를 낚았다. 송어는 잎과 가지들이 있는 물속에서 반쯤 모습을 드러낸 채 심하게 몸부림쳤다. 낚싯줄에 걸렸다. 닉은 힘차게 잡아당겼지만 송어는 빠져 나갔다. 그는 릴을 감았고 한 손에 낚싯바늘을 쥔 채 강 아래로 걸어 내려갔다.

앞쪽의 왼편 강기슭 근처에 커다란 통나무 하나가 있었다. 그 나무의 속은 텅 비어 있었다. 통나무가 강 위쪽을 향하고 있어 물살은 유유히 통나무 안으로 들어갔고 통나무 양쪽 측면으로 잔물결이 살짝 일었다. 수심이 깊어지고 있었다. 속이 빈 통나무 위쪽은 잿빛을 띤 채 말라 있었다. 그 일부분은 그늘 속에 있었다.

닉이 메뚜기 병에서 마개를 뽑자 메뚜기 한 마리가 달라붙어 있었다. 그는 녀석을 떼어내 바늘에 끼운 다음 멀리 던졌다. 물에 있는 메뚜기가 속이 빈 통나무로 흘러가는 물살을 따라 이동하도록 하기 위해 낚싯대를 멀리 내밀었다. 닉은 낚싯대를 낮췄고 메뚜기는 둥둥 떠 있었다. 그때 센 힘이 느껴졌다. 닉은 잡아당기는 힘에 맞서 낚싯대를 휙 돌렸다. 펄펄 살아 움직이는 듯한 느낌이 들긴 했지만, 왠지 통나무 그 자체에 걸린 것 같기도 했다.

그는 물고기를 강물 쪽으로 끌어내려고 시도했다. 녀석이 힘겹게 모습을 드러냈다.

낚싯줄이 느슨해졌고 닉은 송어가 사라졌다고 생각했다. 그 순간, 물속 아주 가까운 곳에서 녀석이 보였고, 머리를 흔들면서 낚싯바늘에서 빠져나오려고 몸부림을 치고 있었다. 송어는 주둥이를 앙 다물고 있었다. 녀석은 흐르는 맑은 물속에서 낚싯바늘과 사투를 벌였다.

왼손으로 낚싯줄을 고리 모양으로 만들고, 닉은 낚싯대를 치켜 올리면서 낚싯줄을 팽팽하게 만들었다. 뜰채 쪽으로 송어를 몰아 보려 했지만 녀석은 시야에서 사라졌고 낚싯줄만 세차게 흔들렸다. 닉은 송어가 낚싯대의 탄성력에 저항하며 물속에서 몸부림치도록 내버려 둔 채 물살에 맞서 녀석과 한판 승부를 벌였다. 그는 낚싯대를 왼손으로 바꿔 잡고는 체중을 실어 낚싯대와 씨름하면서 송어를 상류로 몬 뒤 뜰채 안으로 들어가게 했다. 그는 녀석을 물 밖으로 들어올렸다. 뜰채 안에 큰 반원이 생기면서 물이 쏟아져 내렸다. 그는 바늘을 뽑은 다음 녀석을 자루에 미끄러지듯 넣었다.

그는 자루 입구를 펼쳐 물속에서 펄펄 날뛰는 커다란 송어 두 마리를 내려다보았다.

닉은 깊어진 강물을 헤치며 속이 빈 통나무 위로 힘겹게 올라 갔다. 그가 자루를 머리 위쪽으로 들어 올렸고 송어가 물에서 나 오자마자 퍼덕거렸다. 닉은 송어가 물속에 있을 수 있도록 자루 를 통나무에 걸어 두었다. 통나무 위에 몸을 쭉 펴고 앉자, 바지 와 부츠에서 뚝뚝 흐르는 물이 강물을 따라 흘러 내려갔다. 그는 낚싯대를 내려놓고 통나무의 그늘진 가장자리로 옮긴 후 주머니 에서 샌드위치를 꺼냈다. 차가운 물에 샌드위치를 살짝 담갔다. 빵부스러기들이 물살에 둥둥 떠내려갔다. 그는 샌드위치를 먹은 뒤 물을 마시려고 모자에 물을 한 가득 담았는데 마시기도 전에 물이 모자 밖으로 새어나갔다.

그늘 아래 통나무에 앉아 있으니 시원했다. 그는 담배 한 개 비를 꺼내 불을 붙이려고 통나무에 성냥을 그었다. 성냥은 아주 작은 골을 만들면서 잿빛 나무속으로 파고들었다. 닉은 통나무 옆쪽으로 상체를 숙인 다음 단단한 곳을 찾아 성냥을 그어 불을 붙였다. 그는 앉아서 담배를 피우며 강을 바라보았다.

앞에 보이는 강은 폭이 좁았고 늪으로 향하고 있었다. 잔잔하 고 수심도 깊어졌다. 늪에 있는 삼나무들은 줄기들이 다닥다닥 붙어 있었고 가지들도 튼실해서 늪이 옹골차 보였다. 저런 늪을 걸어서 지나가는 것은 불가능했다. 가지들이 아주 낮게 자라 있 기 때문이다. 움직이려면 엎드리든가 해서 땅과 거의 같은 높이를 유지해야 했다. 가지들을 뭉개면서 나갈 수도 없었다. 그러니까 늪에 사는 동물들이 그렇게 생긴 거야. 그는 생각했다.

닉은 읽을 만한 것을 가져올 걸하고 생각했다. 책을 읽고 싶었다. 늪 안으로 계속 들어갈 생각은 없었다. 그는 강을 내려다보았다. 커다란 삼나무 한 그루가 강물을 가로질러 비스듬히 자라 있었다. 강은 그 너머 늪으로 흘러갔다.

닉은 이제 저 안에 들어가고 싶지 않았다. 큰 송어를 도저히 낚아 올릴 수 없는, 수심이 겨드랑이까지 올라오는 깊은 곳에서 그런 녀석을 잡겠다고 힘겹게 물살을 헤쳐 가야 한다는 것이 영 내키지 않았다. 늪의 강기슭은 텅 비어 있었다. 커다란 삼나무들은 위쪽에서 서로 뒤엉켜 있어서 일부분을 제외하면 햇볕이 들어오지 못했다. 물살도 빠르고 깊으며 빛도 반 밖에 들어오지 않는 곳에서 낚시를 하는 것은 비극이었다. 늪지대에서 낚시를 하는 것은 일종의 비극적인 모험인 셈이다. 그런 건 싫었다. 오늘은 더 이상 하류 쪽으로 내려가고 싶지 않았다.

그는 칼을 꺼내 칼집을 연 다음 통나무에 꽂았다. 그러더니 마대 자루를 치켜들고 그 안으로 손을 뻗어 송어 한 마리를 꺼냈다. 펄펄 살아 있어서 잡기는 힘들었지만 녀석의 꼬리 근처를 잡고 통나무에 세게 내리쳤다. 송어는 바들바들 경련을 일으키더니 뻣뻣하게 굳어 버렸다. 닉은 통나무 그늘 쪽에 녀석을 내려놓았고, 같은 방법으로 다른 물고기의 목 부분을 부러뜨렸다. 그는 통나무 위에 두 마리를 나란히 올려놓았다. 멋진 송어들이었다.

닉은 녀석들을 항문에서부터 주둥이 끝까지 베어 가른 다음 깨끗이 씻었다. 내장과 아가미, 혀가 통째로 나왔다. 두 놈 다 수 컷으로, 매끈하고 깨끗한 회백색의 기다란 이리\*가 있었다. 조밀 하고 깨끗한 내장이 전부 딸려 나왔다. 닉은 밍크가 발견할 수 있 도록 내장을 물가에 던졌다.

그는 강물에 송어를 씻었다. 녀석들의 등을 위쪽으로 해서 물 속에 담그니, 마치 살아 있는 물고기처럼 보였다. 색깔이 아직 사 라지지 않았다. 그는 손을 씻은 다음 통나무에 녀석들을 말렸다. 그리고 통나무에 펼쳐 둔 자루 위에 송어를 올려놓고 둘둘 만 다 음 묶어 뜰채에 넣었다. 칼은 여전히 통나무에 꽂혀 세워져 있었 다. 그는 나무에다 칼을 쓱쓱 문지른 다음 주머니에 집어넣었다.

닉은 낚싯대를 들고 통나무 위에 올라서더니 뜰채를 축 늘어 뜨린 채 물속으로 들어가 첨벙거리며 물가로 갔다. 그런 다음 강 기슭으로 올라가 숲을 헤치며 높은 지대를 향해 올라갔다. 그는 텐트가 있는 곳으로 다시 돌아가고 있었다. 그는 뒤를 돌아보았 다. 나무들 사이로 강이 겨우 보였다. 늪에서 낚시를 할 수 있는 날은 앞으로도 많았다.

---

\* 물고기 수컷의 배 속에 있는 흰 정액 덩어리.

# 흰 코끼리를 닮은 산

에브로 강* 유역 건너편 산들은 길쭉하고 하얬다. 이쪽에는 그늘
도, 나무도 없었고 햇볕이 내리쬐는 두 개의 철로 사이에 기차역
이 있었다. 역 옆쪽으로 후덥지근한 건물 그림자가 바싹 붙어 있
었고, 열린 술집 문에는 파리의 접근을 막기 위해 대나무 구슬을
엮어 만든 커튼이 걸려 있었다. 미국인, 그리고 그와 동행한 젊
은 여자가 건물 밖 그늘에 자리한 테이블에 앉아 있었다. 아주 무
더운 날씨였고 바르셀로나 발(發) 급행열차가 사십분 후에 도착
할 예정이었다. 열차는 이 분 동안 이 환승역에서 정차했다가 마
드리드로 향한다.

---

* 스페인 북부에서 동남쪽으로 흘러 지중해로 들어가는 강.

"뭐 마실래요?" 젊은 여자가 물었다. 그녀는 모자를 벗어 테이블에 내려놓았다.

"무지 덥군." 남자가 말했다.

"맥주 마셔요."

"도스 세르베사스.(맥주 두 잔요.)" 남자가 커튼 안쪽에다 말했다.

"큰 거요?" 한 여자가 입구 쪽에서 물었다.

"네. 큰 걸로 두 잔." 여자는 맥주잔 두 개와 펠트* 받침 두 개를 가져왔다. 그녀는 펠트 받침과 맥주잔을 테이블 위에 놓고 남자와 젊은 여자를 쳐다보았다. 젊은 여자는 저 멀리 산 능선을 바라보고 있었다. 산들은 햇빛을 받아 하얗게 빛났고 갈색 빛의 땅은 메말라 있었다.

"흰 코끼리를 닮았네요." 그녀가 말했다.

"난 본 적 없어." 남자가 맥주를 마셨다.

"그럼요. 본 적 없겠죠."

"봤을 수도 있지." 남자가 말했다. "내가 못 봤을 거라고 당신이 말한다고 해서 모든 게 입증되는 건 아니야."

젊은 여자는 비드 커튼을 바라보았다. "커튼에 뭔가 쓰여 있는데요." 그녀가 말했다. "뭐라고 쓴 거예요?"

"아니스 델 토로(Anis del Toro). 술 이름이야."

"마셔 봐도 돼요?"

남자는 커튼 사이로 "이봐요!" 하고 소리쳤다. 술집에서 여자

---

* 모직이나 털을 압축해서 만든 부드럽고 두꺼운 천.

가 나왔다.

"4레알*이요."

"우리 아니스 델 토로 두 잔 줘요."

"물도 드려요?"

"물도 섞어 마실까?"

"잘 모르겠어요." 젊은 여자는 말했다. "물을 섞으면 맛있어요?"

"괜찮아."

"물도 같이 줘요?" 여자가 물었다.

"네. 물도 주세요."

"감초 맛이 나네." 젊은 여자가 말하면서 잔을 내려놓았다.

"다 그런 식이지, 뭐."

"맞아요." 젊은 여자가 말했다. "다 감초 맛이 나죠. 특히나 오랫동안 기다려왔던 일들은 다 그렇죠. 압생트†처럼요."

"아, 그만해."

"당신이 먼저 시작했잖아요." 젊은 여자가 말했다. "난 재미있었는데. 좋은 시간 보내고 있었는데."

"자, 이거나 마시고 기분 좋게 보내자고."

"좋죠. 나도 노력 중이었다고요. 산이 흰 코끼리를 닮았다고 말했잖아요. 멋지지 않았나요?"

"멋졌어."

"이 새로운 술 마셔 보고 싶었어요. 뭐, 우리가 할 수 있는 건

---

* 스페인의 옛 은화. 약 12.5센트.
† 독한 술의 일종.

이것뿐이니까. 안 그래요? 이런저런 것들 보고 새로운 술도 마셔 보고."

"그런 것 같군."

젊은 여자는 산 쪽을 건너다보았다.

"아름다운 산이에요." 그녀가 말했다. "사실 흰 코끼리 같진 않았어요. 그냥 나무들 사이로 보이는 코끼리 가죽 같은 색깔을 두고 한 말이죠."

"우리 한 잔 더 할까?"

"좋아요."

후덥지근한 바람이 불면서 비드 커튼이 테이블에 부딪쳤다.

"맥주 맛도 끝내 주고 시원하네." 남자가 말했다.

"맛있어요." 젊은 여자도 말했다.

"지그! 사실 아주 간단한 수술*이야." 남자가 말했다. "사실 수술 축에도 못 끼지."

젊은 여자는 테이블 다리가 얹혀 있는 바닥을 내려다보았다.

"당신도 싫진 않다는 거 알아. 지그, 정말 별 거 아니라고. 그저 공기를 넣는 것뿐이야."

젊은 여자는 아무 말도 하지 않았다.

"난 당신과 같이 갈 거고, 계속 당신 곁에 있을 거야. 그냥 공기만 넣는 거고 그러고 나면 모든 게 완전히 원래대로 되는 거야."

"그럼, 그 후에는 어떻게 되는 거죠?"

---

* 낙태 수술을 의미함.

"그 후에 우리는 좋아지겠지. 예전처럼 말이야."

"왜 그렇게 생각해요?"

"우리를 괴롭혔던 건 오직 그것뿐이었으니까. 단지 그거 때문에 우리가 불행했던 거잖아."

젊은 여자는 비드 커튼을 쳐다보았고 손을 내밀어 비드 두 줄을 잡았다.

"당신은 우리가 괜찮아지고 행복해질 거라고 생각하는군요."

"당연한 거 아니야? 걱정할 필요 없어. 난 그 수술을 한 사람들을 많이 알고 있어."

"나도 많이 알아요." 젊은 여자가 말했다. "그리고 그 후 그들 모두 아주 행복해졌죠."

"저기," 남자가 말했다. "내키지 않으면 할 필요 없어. 당신이 원하지 않으면 억지로 시키지 않아. 하지만 아주 간단한 거라고."

"그러는 당신은 정말 그러길 원해요?"

"그게 최선의 방법 같아. 하지만 당신이 진짜 원하지 않으면 그걸 하라고 하고 싶진 않아."

"하지만 내가 그걸 한다면 당신은 행복하겠죠. 그리고 상황도 그 전과 같을 거고, 당신은 나를 사랑할 건가요?"

"난 지금도 당신을 사랑해. 알잖아. 내가 당신을 사랑하는 거."

"알아요. 하지만 내가 그걸 한다면, 뭐가 흰 코끼리를 닮았다고 얘기해도 다시 좋게 받아들이고 그것*을 좋아하게 될까요?"

---

* 아기를 의미하는 것 같다.

"당연히 무척 좋아하겠지. 지금도 좋아하지만 머릿속이 복잡해서 그런 것뿐이야. 걱정이 생기면 내가 어떻게 되는지 알잖아."

"그럼 내가 그걸 하면 당신 걱정 안하겠네요?"

"난 걱정하지 않아. 그건 아주 간단한 거니까."

"그럼 할 게요. 난 어떻게 되든 상관없으니까."

"그게 무슨 말이야?"

"난 아무래도 상관없다고요."

"이봐, 난 상관있어."

"아, 그래요. 하지만 난 상관없어요. 그리고 난 그걸 할 거예요. 그러면 모든 게 좋아지겠죠."

"그런 식으로 생각한다면 하지 마."

젊은 여자는 일어서더니 기차역 끝으로 걸어갔다. 반대쪽 철로 저편에 에브로 강기슭을 따라 논과 나무들이 늘어서 있었다. 강 너머 저 멀리 산들이 보였다. 구름 한 조각의 그림자가 논을 가로지르며 이동했고 그녀는 나무들 사이로 강을 바라보았다.

"이 모든 걸 가질 수 있었는데." 그녀가 말했다. "우리는 다 가질 수 있었는데. 우리는 하루하루 그것을 더 불가능하게 만들고 있어요."

"무슨 말 하는 거야?"

"우리는 다 가질 수 있었다고요."

"전부 가질 수 있어."

"아뇨. 우리는 그럴 수 없어요."

"우리는 이 세상 전부를 가질 수 있어."

"아뇨. 그럴 수 없어요."

"우리는 어디든 갈 수 있다고."

"아뇨. 못해요. 그건 이제 더 이상 우리 게 아니에요."

"우리 거야."

"아뇨, 아니에요. 일단 그걸 없애 버리면 되돌릴 수 없어요."

"하지만 그들은 그걸 없애지 않았어."

"두고 보자고요."

"어서 그늘 안으로 들어와." 그가 말했다. "그런 식으로 생각하지 말고."

"나는 어떤 식으로도 생각하지 않아요." 젊은 여자가 말했다. "사실을 알고 있을 뿐이에요."

"난 당신이 안했으면 해. 원치 않는 거라면 뭐든—"

"나에게 도움이 안 되는 것도요." 그녀가 말했다. "나도 알아요. 맥주 한 잔 더 할까요?"

"좋아. 하지만 당신 알아야 해—"

"알고 있어요." 젊은 여자가 말했다. "우리 이제 그 얘기 그만하면 안 돼요?"

두 사람은 테이블에 앉았다. 젊은 여자는 메마른 골짜기 위의 산을 건너다보았고 남자는 그런 그녀와 테이블을 쳐다보았다.

"당신은 알아야 해." 그가 말했다. "당신이 원치 않으면 나도 당신이 그걸 하는 걸 원치 않아. 만약 그게 당신에게 의미가 있는 거라면 나는 아주 기꺼이 그것과 함께 살아갈 거야."

"그 말은 당신에게는 그게 아무런 의미가 없단 말인가요? 우리는 잘 지낼 수 있어요."

"물론 의미가 있고말고. 하지만 난 당신 외에 누구도 원하지 않아. 그 외에 누구도 필요치 않다고. 아주 간단한 거야."

"그래요. 당신은 그게 아주 간단한 일이라고 생각하죠."

"그런 식으로 말해도 좋아. 하지만 분명 내 생각은 그래."

"이제 내 부탁 좀 들어줄래요?"

"당신 부탁이라면 뭐든지 들어줄게."

"제발, 제발, 제발, 제발, 제발, 제발, 제발 얘기 좀 그만 할래요?" 그는 아무 말도 하지 않고 기차역 벽 쪽에 세워 둔 가방들을 바라보았다. 그들이 며칠 밤을 보낸 호텔 라벨들이 가방에 전부 붙어 있었다.

"하지만 난 당신에게 강요하긴 싫어." 그가 말했다. "난 그것에 대해 전혀 신경 쓰지 않아."

"소리 지를 거예요." 젊은 여자가 말했다.

술집 여자가 맥주잔 두 개를 들고 커튼을 헤치며 밖으로 나오더니 축축한 펠트 받침 위에 내려놓았다. "5분 있으면 기차가 도착합니다." 그녀가 말했다.

"뭐라는 거죠?" 젊은 여자가 물었다.

"5분 후에 기차가 도착할 거래."

젊은 여자는 여자에게 고맙다고 말하면서 밝게 미소를 지었다.

"건너편 역에 가방을 갖다 놓는 게 좋겠어." 남자가 말했다. 여자는 그를 보고 미소를 지었다.

"그래요. 그런 다음 돌아와서 맥주 마저 마셔요."

그는 무거운 가방 두 개를 들어 역으로 끌고 가더니 반대편 철로로 이동했다. 그는 철로를 올려다봤지만 기차는 보이지 않았다. 다시 돌아온 그는 술집으로 걸어 들어갔다. 안에는 기차를 기다리는 사람들이 술을 마시고 있었다. 그는 술집에서 아니스를 마시면서 사람들을 훑어보았다. 그들은 모두 술을 적당히 마시며 기차를 기다리고 있었다. 그는 비드 커튼을 통해 밖으로 나왔다. 그녀는 테이블에 앉은 채 그를 향해 미소를 보냈다.

"기분 좋아졌어?" 그가 물었다.

"좋아요." 그녀가 말했다. "난 아무 문제없어요. 기분 좋아요."

# 살인자들

헨리의 간이식당 문이 열리면서 남자 두 명이 들어왔다. 그들은 카운터에 앉았다.

"뭐 드시겠습니까?" 조지가 그들에게 물었다.

"모르겠네." 한 남자가 말했다. "앨! 뭐 먹고 싶어?"

"모르겠는데." 앨이 말했다. "뭘 먹어야 하나!"

밖은 점점 어두워지고 있었다. 창문 밖 거리 가로등 불이 켜졌다. 카운터에 있던 두 남자가 메뉴판을 살펴보았다. 카운터 반대편 끝에 있던 닉 애덤스가 그들을 유심히 쳐다보았다. 그들이 안으로 들어왔을 때, 그는 조지와 이야기를 나누던 중이었다.

"난 애플 소스와 으깬 감자를 곁들인 돼지 안심 구이 먹을래." 첫 번째 남자가 말했다.

"아직 준비되지 않았는데요."

"그럼 뭐 하러 메뉴판에 적어 놓은 거야?"

"그건 저녁 메뉴입니다." 조지가 설명했다. "6시가 돼야 드실 수 있습니다."

조지는 카운터 뒤쪽 벽에 걸린 시계를 보았다.

"5시군요."

"시계는 5시 20분을 가리키고 있는데." 두 번째 남자가 말했다.

"20분 빨라요."

"이런, 시계는 그렇다 치고." 첫 번째 남자가 말했다. "그럼 뭘 먹어야 해?"

"샌드위치 종류는 다 됩니다." 조지가 말했다. "햄에그, 베이컨 에그, 간과 베이컨, 스테이크가 있어요."

"푸른 완두콩과 크림소스, 으깬 감자를 곁들인 치킨 크로켓으로 줘."

"그것도 저녁 메뉴입니다."

"우리가 원하는 건 전부 저녁 메뉴네. 응? 이런 식으로 장사를 하신다?"

"드릴 수 있는 건 햄에그 샌드위치, 베이컨 에그 샌드위치, 간과—"

"난 햄에그 샌드위치 먹을래." 앨이라는 남자가 말했다. 그는 중산모를 쓰고 가슴에 단추가 채워진 검은 오버코트를 입고 있었다. 얼굴은 작고 하얬으며 입을 앙 다물고 있었다. 그는 실크 머플러에 장갑을 끼고 있었다.

"난 베이컨 에그 샌드위치 줘." 다른 남자가 말했다. 그는 앨과 체격이 비슷했다. 둘이 얼굴은 달랐지만 마치 쌍둥이처럼 옷을 입었다. 둘 다 아주 꽉 끼는 오버코트를 입었다. 그들은 팔꿈치를 카운터 위에 올린 채 몸을 앞으로 숙이고 앉았다.

"술 있어?" 앨이 물었다.

"실버 맥주, 비보, 진저에일 있습니다." 조지가 말했다.

"내 말은 술 있냐니까?"

"방금 말한 것들뿐입니다."

"죽여주는 동네구먼." 다른 사람이 말했다. "동네 이름이 뭐야?"

"서밋이요."

"들어본 적 있어?" 앨이 친구에게 물었다.

"아니." 친구가 말했다.

"여기선 밤마다 뭐 해?" 앨이 물었다.

"저녁이나 먹겠지." 친구가 말했다. "여기 모여서 푸짐하게 식사나 하시겠지."

"맞아요." 조지가 말했다.

"그래서 그게 맞는다고 생각하신다?" 앨이 조지에게 물었다.

"물론이죠."

"아주 똘똘한 꼬맹이구먼! 안 그래?"

"물론이죠." 조지가 말했다.

"글쎄, 아닌데." 다른 작은 남자가 말했다. "앨! 제가 똘똘해?"

"멍청하단 얘기야." 앨이 말했다. 그는 닉에게 고개를 돌렸다. "너는 이름이 뭐야?"

"애덤스요."

"여기 똘똘한 녀석 하나 더 있구먼." 앨이 말했다. "제 똘똘하지 않아? 맥스!"

"이 동네는 똘똘한 놈투성이군." 맥스가 말했다.

조지는 햄에그 샌드위치와 베이컨 에그 샌드위치를 담은 접시 두 개를 카운터 위에 올려놓았다. 그는 그에 곁들여 감자튀김 두 접시를 놓고 주방 쪽 작은 문을 닫았다.

"어떤 게 손님 거죠?" 그가 앨에게 물었다.

"기억 안 나냐?"

"햄에그군요."

"똘똘하군." 맥스가 말했다. 그는 앞으로 몸을 숙이며 햄에그 샌드위치를 먹었다. 두 남자는 장갑을 끼고 먹고 있었다. 조지는 그들이 먹는 모습을 지켜보았다.

"너 뭘 봐?" 맥스가 조지를 쳐다봤다.

"아무것도 아니에요."

"아니긴 뭐가 아니야. 나 보고 있었잖아."

"저 꼬마가 장난으로 그랬나 보지. 맥스." 앨이 말했다.

조지가 웃었다.

"넌 웃으면 안 돼." 맥스가 그에게 말했다. "넌 절대 웃으면 안 된다고. 알았어?"

"알았어요." 조지가 말했다.

"알았다는데." 맥스가 앨에게 고개를 돌렸다. "알았다네. 좋군."

"아! 저 친구는 생각이란 게 있는 녀석이야." 앨이 말했다. 그들은 계속 먹고 있었다.

"카운터 아래쪽 저 똘똘한 꼬마 이름이 뭐랬지?" 앨이 맥스에게 물었다.

"헤이, 똘똘아!" 맥스가 닉을 불렀다. "카운터 반대쪽으로 돌아가서 네 남자 친구랑 같이 있어."

"어쩔 생각인데요?" 닉이 물었다.

"어쩔 생각 없어."

"넌 가 있는 편이 낫겠어. 똘똘아!" 앨이 말했다. 닉은 카운터 뒤로 돌아갔다.

"어쩌려고요?" 조지가 물었다.

"참견 하지 마." 앨이 말했다. "주방에 누구 있어?"

"흑인이요!"

"흑인이라니 무슨 뜻이야?"

"흑인 주방장이요."

"이리 오라고 해."

"어쩌려고요?"

"오라고 해."

"여기가 어디라고 이러십니까?"

"여기가 어딘지는 빌어먹을 아주 잘 알고 있어." 맥스라는 남자가 말했다. "우리가 바보처럼 보이냐?"

"바보 같이 말하고 있잖아." 앨이 그에게 말했다. "도대체 이 꼬마랑 왜 싸우고 난리야? 잘 들어!" 그가 조지에게 말했다. "깜둥이한테 이리 나오라고 해."

"어떻게 하려고요?"

"아무것도 안 해. 머리 좀 써라. 이 똘똘아! 우리가 깜둥이를 어떻게 하겠냐?"

조지는 주방으로 통하는 쪽문을 열었다. "샘!" 그가 소리쳤다. "잠깐 이리 나와 봐요."

주방문이 열렸고 흑인이 들어왔다. "뭔데?" 그가 물었다. 카운터에 있던 두 남자가 그를 쳐다보았다.

"좋아. 깜둥이. 거기 똑바로 서 있어." 앨이 말했다.

앞치마를 두르고 서 있던 흑인 샘은 카운터에 앉아 있는 두 남자를 쳐다보았다. "네." 그가 말했다. 앨은 의자에서 내려왔다.

"나는 깜둥이와 똘똘이랑 같이 주방에 갈게." 그가 말했다. "깜둥아. 주방으로 다시 가. 똘똘아. 너도 같이 가." 닉과 주방장 샘이 부엌으로 다시 들어가자, 작은 남자가 그들 뒤를 따라 걸어갔다. 그들 뒤로 문이 닫혔다. 맥스라는 남자는 조지 건너편 카운터에 앉아 있었다. 그는 조지를 보지 않고 카운터 뒤쪽에 쫙 펼쳐져 있는 거울을 쳐다보았다. 헨리의 가게는 술집이었다가 간이식당으로 바뀌었다.

"자! 똘똘아." 맥스가 거울을 보며 말했다. "뭔 얘기라도 해봐?"

"왜 이러는 거죠?"

"헤이, 앨!" 맥스가 소리쳤다. "똘똘이가 왜 이러는지 알고 싶다네."

"자네가 말해 주지 그래?" 앨의 목소리가 주방에서 흘러나왔다.

"왜 이러는 것 같냐?"

"몰라요."

"어떻게 생각하냐고?"

맥스는 그와 얘기를 하는 내내 거울을 보았다.

"말 안할래요."

"이봐, 앨, 똘똘이가 왜 이러는지 자기 생각을 말하지 않으시 겠다네."

"그래, 들었어." 앨이 주방에서 말했다. 그는 접시들이 주방 으로 거쳐 들어가는 구멍을 열어 두려고 케첩 병을 받쳐 두었다. "잘 들어, 똘똘아." 그는 주방에서 조지에게 말했다. "카운터 저쪽 으로 가서 서. 맥스 자네는 왼쪽으로 조금 움직여." 그는 마치 단 체 사진을 찍으려고 준비하는 사진사 같았다.

"말해 봐, 똘똘아." 맥스가 말했다. "무슨 일이 일어날 것 같니?"

조지는 아무 말도 하지 않았다.

"내가 말해 주지." 맥스가 말했다. "우리는 스웨덴 놈 하나 를 해치울 거야. 올레 안드레손이라는 덩치 큰 스웨덴 놈 알지?"

"네."

"그놈이 매일 밤 여기 밥 먹으러 오지? 안 그래?"

"가끔 와요."

"정각 6시에 여기 오잖아."

"오면요."

"다 알고 왔어, 똘똘아." 맥스가 말했다. "다른 얘기 좀 할까. 영화 보러 간 적은 있냐?"

"가끔요."

"영화 보러 자주 가. 영화는 너 같은 똑똑한 꼬마에게 좋거든."

"근데 왜 올레 안드레손을 죽이려는 거예요? 그 사람이 당신들에게 무슨 짓을 했나요?"

"그놈이 우리에게 무슨 짓을 할 가능성은 전혀 없지. 우릴 본 적이 없으니까."

"그리고 그놈은 우리를 딱 한 번만 보게 될 걸." 앨이 주방에서 말했다.

"그럼 왜 죽이려는 건데요?" 조지가 물었다.

"어떤 친구 때문에 죽이려는 거지. 그냥 친구 소원 좀 들어주려고. 똘똘아."

"그만 해." 앨이 주방에서 말했다. "빌어먹을, 넌 말이 너무 많아."

"저기, 난 똘똘이를 재미있게 해 주려고. 안 그래? 똘똘아!"

"넌 말이 빌어먹게 많아." 앨이 말했다. "깜둥이와 여기 똘똘이는 지들 끼리 잘 놀잖아. 수녀원에 있는 여자 친구 커플처럼 녀석들을 단단히 묶어 놨거든."

"자네 아마 수녀원에 있었지?"

"누가 알겠어."

"자네는 코셔 수도원'에 있었어. 그런 곳에 자네가 있었잖아."

조지는 시계를 올려다보았다.

"누구든 들어오면, 주방장이 안 왔다고 해. 그래도 계속 조르면 들어가서 네가 요리하고. 알았어? 똘똘아!"

---

* 유대교 율법을 따르는 수도원.

"알았어요." 조지가 말했다. "그 후에는 우릴 어떻게 할 거죠?"

"상황에 따라 달라지겠지." 맥스가 말했다. "그런 건 당시에는 절대 알 수 없는 거거든."

조지는 시계를 쳐다보았다. 6시 15분이었다. 거리 쪽 문이 열렸다. 시내 전차 운전사가 안으로 들어왔다.

"잘 있었니? 조지!" 그가 말했다. "저녁 식사 돼?"

"샘이 외출했어요." 조지가 말했다. "30분 후에나 돌아올 거예요."

"그럼 시내로 올라가 보는 편이 낫겠군." 운전사는 말했다. 조지는 시계를 쳐다보았다. 6시 20분이었다.

"잘했어. 똘똘아." 맥스가 말했다. "넌 진짜 꼬마 신사야."

"내가 제 머리를 날려 버릴 거라는 걸 알아챈 거지." 주방에서 앨의 목소리가 들렸다.

"아니야." 맥스가 말했다. "그래서 그런 게 아니야. 똘똘이는 착해. 아주 착한 꼬마야. 난 얘가 맘에 들어."

6시 55분에 조지가 말했다. "그 사람 안 오려나 봐요."

간이식당에 손님 둘이 들어왔다. 한 번은 어떤 손님이 포장해 달라고 해서 조지가 직접 주방에 들어가 "포장용" 햄에그 샌드위치를 만들기도 했다. 주방에서 조지는 앨을 보았는데, 그는 중산모를 뒤로 젖혀 쓰고는 총신이 짧은 소총의 총구를 선반에 놓아둔 채 쪽문 옆 의자에 앉아 있었다. 닉과 주방장은 한쪽 구석에 등을 맞댄 채 입에는 수건이 묶여 있었다. 조지는 샌드위치를 만들어 기름종이에 싸서 봉투에 넣은 다음 가게 안으로 가져왔다. 그리고 손님은 돈을 지불하고 가게를 나갔다.

"똘똘이는 뭐든지 잘하는 군." 맥스가 말했다. "요리도 하고 뭐든지 하네. 너랑 결혼하는 여자는 좋겠다. 똘똘아."

"네?" 조지가 물었다. "당신 친구 올레 안드레손은 오지 않을 거예요."

"그놈에게 10분을 더 줄 거야." 맥스가 말했다.

맥스는 거울과 시계를 봤다. 시계 바늘이 7시를 가리켰고 얼마 후 7시 5분이 되었다.

"이봐, 앨!" 맥스가 말했다. "가는 게 낫겠어. 그 녀석 안 올 건가 봐."

"5분 더 줘 보자." 앨이 주방에서 말했다.

5분 후에 손님이 들어왔고, 조지는 주방장이 병이 났다고 핑계를 댔다.

"도대체 왜 주방장을 하나 더 구하지 않는 거야?" 남자가 물었다. "식당 장사 안할 거야?" 손님은 밖으로 나가 버렸다.

"이봐. 앨!" 맥스가 말했다.

"똘똘이 두 놈이랑 깜둥이는 어쩌지?"

"괜찮아."

"그럴까?"

"물론이지. 우리 일은 끝났어."

"맘에 안 들어." 앨이 말했다. "찝찝하다고. 자네가 입을 너무 많이 놀렸어."

"아무렴 어때." 맥스가 말했다. "재미있었잖아. 안 그래?"

"그래도 넌 입이 너무 싸." 앨이 말했다. 그는 주방에서 나왔다. 소총의 짧은 총신 때문에 아주 꽉 끼는 그의 오버코트 허리춤이 약간 불룩해졌다. 그는 장갑 낀 손으로 코트를 매만졌다.

"잘 있어. 똘똘아." 그는 조지에게 말했다. "너 운 좋은 줄 알아."

"그건 맞는 말이네." 맥스가 말했다. "꼭 경마해 봐. 똘똘아."

두 사람은 문 밖으로 나갔다. 조지는 창문을 통해 그들이 아크등 아래를 지나 길을 건너는 모습을 유심히 살펴보았다. 꽉 끼는 오버코트와 중산모를 쓴 그들의 모습은 마치 보드빌*에서 활동하는 팀처럼 보였다. 조지는 반회전문을 통해 뒤쪽으로 나가 주방으로 가서 닉과 주방장의 줄을 풀어 주었다.

"이런 거 더 이상 싫어." 주방장 샘이 말했다. "더는 싫다고."

닉이 일어섰다. 그는 타월로 입을 묶여 본 적이 한 번도 없었다.

"말해 봐. 도대체 무슨 일이야?" 그는 대수롭지 않은 척하며 물었다.

"놈들은 올레 안드레손을 죽이려고 했어요." 조지가 설명했다. "그 사람이 식사를 하러 들어오면 총을 쏘려고 했다고요."

"올레 안드레손?"

"그렇다니까요."

주방장은 엄지손가락으로 입가를 만졌다.

"놈들은 다 갔어?" 그가 물었다.

"네." 조지가 대답했다. "지금 갔어요."

"이런 거 딱 질색이야." 주방장이 말했다. "전부 맘에 안 들어."

---

* 춤과 노래 따위를 곁들인 가볍고 풍자적인 통속 희극.

"잘 들어." 조지가 닉에게 말했다. "네가 올레 안드레손한테 가보는 게 좋겠어."

"좋아."

"그 일에 상관 안하는 게 좋을 걸." 주방장 샘이 말했다. "엮이지 않는 게 좋을 거야."

"내키지 않으면 가지 마." 조지가 말했다.

"이런 일에 얽혀 봤자 아무 도움도 안 돼." 주방장이 말했다. "그 일에 관여하지 마."

"가서 만나 볼게." 닉이 조지에게 말했다. "그 사람 어디 살아?"

주방장이 고개를 돌렸다.

"어린 녀석들은 항상 지들 하고 싶은 대로 한다니까." 그는 말했다.

"허시 하숙집에서 살아." 조지가 닉에게 말했다.

"가 볼게."

밖에 있는 아크등 불빛이 텅 빈 나뭇가지들 사이로 비쳤다. 닉은 전차 선로 옆 도로를 따라 걸어 올라가다가 그 다음 아크등에서 커브를 돌아 골목으로 내려갔다. 도로 옆에 있는 집 세 채가 허시 하숙집이었다. 닉은 계단 두 개를 올라가서 벨을 눌렀다. 한 여자가 문 쪽으로 왔다.

"올레 안드레손 씨 계신가요?"

"그 사람 만나러 왔니?"

"네. 안에 계시면요."

닉은 여자를 따라 계단을 올라가다 다시 복도 끝으로 향했다.

그녀는 문에 노크를 했다.

"누구요?"

"안드레손 씨! 누가 당신을 찾아 왔어요." 여자가 말했다.

"닉 애덤스입니다."

"들어 와."

닉은 문을 열고 방으로 들어갔다. 올레 안드레손은 옷을 다 입은 채로 침대에 누워 있었다. 그는 헤비급 프로 권투 선수였고 침대가 그에게는 너무 작았다. 그는 베개 두 개를 베고 누워 있었다. 그는 닉을 쳐다보지 않았다.

"뭔데?" 그가 물었다.

"저 위 헨리 가게에서 왔는데요." 닉이 말했다. "남자 두 명이 가게에 와서 나랑 주방장을 묶었고 아저씨를 죽일 거라고 말했어요."

말하고 나니 실없는 소리처럼 들렸다. 올레 안드레손은 아무 말도 하지 않았다.

"놈들이 우리를 주방에 가둬 놨어요." 닉은 계속 말했다. "아저씨가 저녁 식사를 하러 안으로 들어오면 쏘려고 했다고요."

올레 안드레손은 벽을 보면서 아무 말도 하지 않았다.

"조지는 내가 아저씨에게 가서 이 얘기를 해주는 게 좋을 거라고 했어요."

"내가 할 수 있는 일은 아무것도 없어." 올레 안드레손은 말했다.

"놈들이 어떻게 생겼는지 알려줄게요."

"그들이 어떻게 생겼는지 알고 싶지 않아." 올레 안드레손이 말했다. 그는 벽을 쳐다보았다. "그 얘기 해주려고 와 주다니 고맙구나."

"고맙긴요."

닉은 침대에 누워 있는 덩치 큰 남자를 바라보았다.

"제가 가서 경찰을 만나 볼까요?"

"아니." 올레 안드레손이 말했다. "아무 소용없을 거야."

"내가 할 수 있는 일 없을까요?"

"없어. 아무것도 없어."

"어쩌면 그냥 엄포만 놓은 건지도 몰라요."

"아냐. 그건 그냥 엄포가 아니야."

올레 안드레손은 벽 쪽으로 돌아누웠다.

"단지 문제는," 그는 벽에 대고 말했다. "밖에 나가도 되나 고민 중이야. 온종일 여기 있었거든."

"동네 밖으로 나가면 안 돼요?"

"아니." 올레 안드레손은 말했다. "그렇게 도망 다니는 건 그만 할래."

그는 벽을 쳐다보았다.

"이제 할 수 있는 일은 아무것도 없어."

"해결할 방법이 없을까요?"

"없어. 난 미움을 샀거든." 그는 똑같이 단조로운 말투로 말했다. "할 수 있는 건 아무것도 없어. 좀 이따 나갈지 결정할 거야."

"돌아가서 조지를 만나 보는 게 낫겠어요." 닉이 말했다.

"잘 가." 올레 안드레손이 말했다. 그는 닉을 쳐다보지 않았다. "와 줘서 고맙다."

닉은 밖으로 나갔다. 그는 문을 닫으면서, 올레 안드레손이 옷을 입은 채 침대에 누워 벽을 바라보고 있는 것을 보았다.

"온종일 방에만 처박혀 있었어." 여주인은 층계를 내려오면서 말했다. "몸이 안 좋은 모양이야. 내가 그랬지. '안드레손 씨. 이렇게 멋진 가을날에는 나가서 산책을 해야죠.'라고 말이야. 그런데 저 사람은 그럴 생각이 없는 모양이더라고."

"나가고 싶지 않대요."

"안 됐네. 몸이 좋질 않다니." 여자가 말했다. "저 사람, 아주 멋진 남자야. 있잖아. 링에 올랐었잖아."

"알아요."

"얼굴 상태가 저렇지 않았다면 전혀 몰랐을 걸." 여자가 말했다. 두 사람은 정문 바로 안쪽에 서서 이야기를 나눴다. "그 정도로 순하다니까."

"네, 안녕히 계세요. 허시 부인." 닉이 말했다.

"난 허시 부인이 아닌데." 여자가 말했다. "그 부인은 집주인이고. 난 그저 그녀를 대신해서 집을 봐주는 사람이야. 난 벨 부인이란다."

"아, 네. 안녕히 계세요. 벨 부인." 닉이 말했다.

"잘 가라." 여자도 말했다.

닉은 어두컴컴한 거리를 걸어올라 아크등불 아래 골목을 지나 전차 선로를 따라 헨리의 식당으로 향했다. 조지는 카운터 뒤쪽 안에 있었다.

"올레 만났어?"

"응." 닉이 말했다. "집에 있었는데 나가지 않을 거래."

주방장이 주방문을 열다가 닉의 목소리를 들었다.

"난 아무 말도 못 들었다." 그는 말하면서 문을 닫았다.

"그 얘기 해줬어?" 조지가 물었다.

"물론이지. 말했는데 무슨 일인지 다 알고 있더라고."

"어떻게 할 거래?"

"아무것도 안 한대."

"놈들이 그를 죽일 거야."

"그러겠지."

"시카고에서 어떤 일에 휘말린 게 틀림없어."

"그런 것 같아." 닉이 말했다.

"끔찍해."

"무시무시하네." 닉이 말했다.

그들은 아무 말도 하지 않았다. 조지는 손을 뻗어 수건을 집은 다음 카운터를 닦았다.

"그가 무슨 짓을 했는지 궁금한데." 닉이 말했다.

"누군가에게 져 주겠다고 해 놓고선 이긴 거야. 그게 바로 놈들이 사람들을 죽이는 이유지."

"난 이 동네 떠날 거야." 닉이 말했다.

"그래." 조지는 말했다. "현명한 행동이야."

"혼이 날 걸 뻔히 알면서 방에서 기다리고 있는 그 사람을 생각하면 견딜 수가 없어. 그건 너무 끔찍해."

"그러니까." 조지가 말했다. "그 일에 대해 신경 끄는 게 좋을 걸."

# 깨끗하고 불빛이 밝은 곳

깊은 밤, 모든 사람들이 카페를 떠나고 한 노인만 남아 전등 불빛에 드리운 나뭇잎들 그림자 속에 앉아 있었다. 낮 동안 거리는 먼지투성이였지만 밤이 되면서 이슬이 먼지를 잠재웠고 귀머거리인 노인은 늦게까지 앉아 있는 걸 좋아했다. 이제 밤이 되어 사방은 조용했고 그는 그 차이를 느꼈다. 카페 안에 있던 두 웨이터는 노인이 조금 취했다는 걸 알고 있었다. 사실 노인은 괜찮은 손님이긴 하지만, 너무 많이 취하면 술값을 내지 않고 사라진다는 걸 알고 있었기 때문에 두 사람은 노인을 계속 지켜보았다.

"저 노인네, 지난주에 자살을 시도했었대." 한 웨이터가 말했다.

"왜요?"

"자포자기 상태였나 봐."

"뭣 때문에요?"

"별 일 아니겠지."

"별 일 아닌지 어떻게 알아요?"

"돈이 많거든."

그들은 카페 문 근처 벽에 가깝게 붙어 있는 테이블에 함께 앉아 테라스를 바라보았다. 그곳 테이블들은 텅 비어 있었고, 노인만이 바람에 살랑거리는 나뭇잎 그림자에 앉아 있었다. 어느 젊은 여자와 군인이 거리를 지나갔다. 가로등이 남자의 칼라에 있는 황동 숫자 위를 비췄다. 젊은 여자는 머리에 아무것도 쓰지 않았고 군인 옆을 황급히 따라 가고 있었다.

"헌병이 저 사람을 잡을 텐데." 한 웨이터가 말했다.

"헌병이 뭘 잡든 말든 그게 무슨 상관이에요?"

"이제 거리에서 사라지는 게 좋을 텐데. 헌병이 저 사람을 잡을 거야. 5분 전에 헌병이 지나갔거든."

그림자 속에 앉아 있던 노인은 잔으로 컵 받침을 톡톡 두드렸다. 젊은 웨이터가 그에게 다가갔다.

"뭐 드릴까요?"

노인이 웨이터를 쳐다보았다. "브랜디 한 잔 더." 그가 말했다.

"취할 텐데요." 웨이터가 말했다. 노인은 그를 바라보았다. 웨이터는 자리를 떠났다.

"밤새 있을 건가 봐요." 그는 동료에게 말했다. "이제 졸린데. 3시 전에 자긴 다 틀렸네. 지난주에 자살했어야 했어."

웨이터는 카페 안 카운터에서 브랜디 병과 다른 컵 받침을 꺼내더니 노인의 테이블로 걸어갔다. 그는 컵받침을 내려놓고 잔에 브랜디를 가득 따랐다.

"당신은 지난주에 자살했어야 했어." 그는 귀머거리 노인에게 말했다. 노인은 손가락을 움직이면서 말했다. "좀 더." 웨이터는 잔에 술을 따랐고 브랜디가 넘치면서 손잡이 부분을 따라 제일 위쪽 컵 받침으로 흘러내렸다. "고맙수." 노인이 말했다. 웨이터는 카페 안에 병을 가져다 두었다. 그는 다시 동료가 있는 테이블에 앉았다.

"이제 취했어요." 그가 말했다.

"밤마다 취하잖아."

"왜 자살을 하려고 했을까요?"

"내가 어떻게 알아!"

"어떤 식으로 했대요?"

"밧줄로 목을 맸나 봐."

"누가 구해 줬는데요?"

"조카딸."

"그 사람들 왜 그런 짓을 했대?"

"그의 영혼에 대한 두려움 때문이겠지."

"저 노인네, 돈이 얼마나 많은데요?"

"아주 많아."

"여든 살쯤 됐을 텐데."

"암튼 그쯤 될 걸."

"노인네, 집에 갔으면 좋겠네. 3시 전에 자긴 틀렸어요. 그럼 도대체 몇 시에 잔다는 거야?"

"자기가 좋아서 안 자는 건데 뭘."

"저 노인네야 외로우니까 그런 거고 난 외롭지 않다고요. 침대에서 날 기다리는 마누라가 있다고요."

"저 노인도 한때는 아내가 있었어."

"이젠 마누라도 그에게는 아무 소용없을 걸요."

"그건 모르는 일이지. 아내가 있었다면 더 좋았을지도."

"조카딸이 노인네를 돌보고 있다면서요. 구해 준 것도 조카딸이고."

"맞아."

"난 저렇게 늙기 싫어요. 노인들은 지저분한 족속들이야."

"다 그렇진 않아. 저 노인은 깨끗하잖아. 술 마실 때 흘리지도 않고. 지금도 취했는데, 봐봐."

"보기 싫어요. 집에나 좀 가지. 일해야 하는 사람은 안중에도 없다니까."

노인은 술잔에서 광장 쪽으로 시선을 돌리더니 웨이터 쪽을 건너다보았다.

"브랜디 한 잔 더!" 그는 잔을 가리키면서 말했다. 안달이 난 웨이터가 다가왔다.

"그만!" 무례한 사람들이 술 취한 사람이나 외국인에게 말할 때처럼, 그의 말이 짧아졌다. "오늘 밤은 더 이상 안 돼. 이제 끝."

"한 잔 더." 노인이 말했다.

"안 돼. 그만." 웨이터는 행주로 테이블 가장자리를 닦으면서 고개를 가로저었다.

노인은 일어서서 천천히 컵받침 수를 센 후, 주머니에서 동전 가죽 지갑을 꺼내더니 술값을 지불하고 팁으로 오십 센티모스*를 남겼다.

웨이터는 노인이 거리로 내려가는 것을 지켜보았다. 아주 나이든 노인이 위태위태하지만 위엄 있게 걸어가고 있었다.

"왜 술 좀 먹으라고 놔두지 그랬어?" 느긋하게 있던 웨이터가 물었다. 그들은 셔터를 내리는 중이었다. "아직 두시 반도 안됐는데."

"집에 가서 자고 싶어요."

"한 시간인데, 뭘?"

"나한테는 긴 시간이라고요."

"한 시간이 다 똑같지 뭐."

"말 한 번 노인네처럼 하시네. 술 한 병 사 가지고 집에 가서 먹으면 되잖아요."

"그게 어디 똑같아."

"그래요. 똑같진 않죠." 아내가 있는 웨이터도 동의했다. 그는 꽉 막힌 사람처럼 보이고 싶진 않았다. 그는 그저 서둘렀을 뿐이다.

"그럼 자네는? 평소보다 빨리 집에 가는 게 겁나지 않아?"

* 스페인의 화폐단위.

"날 모욕하는 거예요?"

"아니야. 옴브레!(이 사람아!) 그냥 농담 좀 했어."

"아뇨." 안달이 나 있었던 웨이터는 금속 셔터를 내리다가 일어서면서 말했다. "난 자신 있어요. 자신감이 넘친다고요."

"자네는 젊음과 자신감, 직업이 있지." 나이 많은 웨이터가 말했다. "자네는 모든 걸 가졌어."

"그러는 형은 뭐가 부족한데요?"

"일 빼고 다."

"형도 내가 가진 거 다 가지고 있잖아요."

"아니. 난 자신감도 전혀 없고 젊지도 않아."

"말도 안 돼요. 이상한 얘기 그만하고 문단속이나 하죠."

"나도 카페에서 늦게까지 있고 싶어 하는 사람 중 하나야." 나이 많은 웨이터가 말했다. "이런 사람들은 자는 것도 싫고 밤이면 불빛이 필요하지."

"난 집에 가서 침대 속에 들어가고 싶어요."

"우린 서로 다른 부류의 사람들이야." 나이 많은 웨이터가 말했다. 그는 이제 집에 가려고 옷을 입었다. "젊음과 자신감이 아주 아름답긴 하지만 단지 그런 것들의 문제만은 아니야. 밤마다 문을 닫는 게 내키지 않아. 카페를 필요로 하는 누군가가 있을까 봐."

"사람 참. 밤새도록 문을 여는 보데가*들이 있잖아요."

---

* 포도주를 파는 술집.

"자넨 이해 못하는 군. 이곳은 깨끗하고 쾌적한 카페야. 불도 아주 환하지. 불빛은 아주 좋은 거야. 게다가 이제 나뭇잎들의 그림자도 있잖아."

"잘 가요." 젊은 웨이터가 말했다.

"잘 가." 다른 웨이터도 말했다. 전깃불을 끈 그는 자신과 계속 대화를 나눴다. 물론 밝지. 하지만 반드시 깨끗하고 쾌적해야 해. 음악은 원치 않아. 분명 음악은 원치 않아. 게다가 이런 시간에 여는 곳이 술집뿐이라지만 그런 곳에서는 점잖 빼면서 카운터 앞에 서 있을 수도 없잖아. 그는 무엇이 두려웠을까? 그것은 두려움도 무서움도 아니었다. 그것은 바로 그가 너무나 잘 알고 있는 허무였다. 모든 게 허무였고 인간 역시 허무였다. 그것뿐이었고 필요한 것은 빛뿐이었다. 그리고 어느 정도의 깨끗함과 질서. 어떤 사람들은 그곳에 살면서도 그것을 전혀 느끼지 못하지만 그는 그 모든 것이 허무 그리고 허무 그리고 허무라는 걸 알고 있었다. 허무에 계신 우리 허무이시여. 당신의 이름이 허무해지시오며 당신의 나라가 허무하옵시며 뜻이 허무에서 이루어진 것과 같이 허무에서도 허무해지기를 간절히 바라나이다. 우리에게 일용할 허무를 주옵시고 우리가 우리에게 허무한 것을 허무하게 한 것과 같이 우리의 허무를 허무하게 하옵시며 우리를 허무에 들게 하지 마옵시고 다만 허무에서 구하옵소서. 그리고 허무. 허무로 가득한 허무를 찬미하소서. 허무가 당신과 있사옵나이다. 그는 미소를 지으며 반짝이는 증기 커피 머신이 있는 카운터 앞에 섰다.

"뭐 드실래요?" 남자 바텐더가 물었다.

"허무요!"

"<u>오트로 로코 마스!</u>(별 미친 놈 다 보겠네.)" 바텐더가 말하면서 고개를 돌렸다.

"작은 컵 하나." 웨이터가 말했다.

바텐더가 그에게 따라 주었다.

"빛은 아주 밝고 마음에 드는데 술집이 깨끗하질 않네." 웨이터가 말했다.

바텐더는 그를 쳐다보았지만 아무 대답도 하지 않았다. 대화를 나누기엔 밤이 너무 깊었다.

"코피타* 한 잔 더 할래요?" 바텐더가 물었다.

"아니. 됐소." 웨이터는 말하며 그곳을 나왔다. 그는 술집이나 보데가를 싫어했다. 깨끗하고 아주 환한 카페는 차원이 달랐다. 이제 더 생각할 것도 없이 그는 자기 집 자기 방으로 갈 것이다. 침대에 누워 드디어 아침 햇살을 받으며 잠이 들 것이다. 아무튼 그는 혼잣말을 했다. 그저 불면증일지도 몰라. 많은 사람들이 그 병에 걸린 게 틀림없어.

---

* copita: 셰리주.

# 하루 동안의 기다림

우리가 여전히 침대에 누워 있을 때, 아들 녀석이 창문을 닫기 위해 방으로 들어왔는데 아파 보였다. 그는 몸을 떨고 있었고 얼굴은 창백한데다 움직이는 것조차 고통스러운지 느릿느릿 걸어 다녔다.

"스와츠! 무슨 일 있니?"

"머리가 아파요."

"다시 누워 있는 게 좋겠다."

"아뇨. 괜찮아요."

"누워 있어라. 옷 입고 보러 갈 테니까."

하지만 내가 아래층으로 내려갔을 때, 아들은 옷을 입은 채

난롯가에 앉아 있었다. 아홉 살짜리 아들은 무척 아프고 애처로 워 보였다. 아들 이마에 손을 얹어 보고는 열이 있다는 것을 알 아챘다.

"올라가서 누워라." 내가 말했다. "병이 났구나."

"괜찮아요." 아들이 말했다.

의사가 와서 아들의 열을 쟀다.

"어때요?" 나는 의사에게 물었다.

"화씨 102도예요."

의사는 아래층에서 서로 다른 색의 캡슐 안에 든 세 가지 약 과 복용법에 대해 알려주었다. 하나는 열을 내려 주는 약이었고 다른 하나는 설사약, 세 번째는 몸이 산성 상태로 되는 것을 막아 주는 약이었다. 독감 균은 산성 상태에서만 존재한다고 의사는 설명해 주었다. 그는 독감에 대해 다 알고 있는 것 같았는데, 열 이 104도만 넘지 않으면 걱정할 것 없다고 했다. 이것은 가벼운 독감 전염병이며 폐렴만 피한다면 위험하지 않았다.

방으로 다시 돌아온 나는 아들의 체온을 적었고 여러 캡슐을 먹일 시간도 기록해 두었다.

"책 읽어 줄까?"

"좋아요. 아빠가 원한다면." 아들이 말했다. 그의 얼굴은 아주 창백했고 눈 밑에 다크 서클이 생겼다. 그는 여전히 침대에 누워 있었고 무슨 일이 일어나고 있는지에 대해 몹시 무심한 듯 보였 다. 나는 하워드 파일의 《해적들의 책》을 큰소리로 읽었다. 하지 만 아들 녀석은 내가 읽는 것을 주의 깊게 듣지 않았다.

"스와츠! 기분 어떠니?" 나는 아들에게 물었다.

"아직까지는 아까랑 비슷해요." 아들이 대답했다.

나는 침대 발치에 앉아 혼자 책을 읽으면서 약 먹일 시간이 되기를 기다렸다. 나는 당연히 아들이 잠들었을 거라 생각했지만, 올려다보니 침대 발치를 매우 이상한 듯 쳐다보고 있었다.

"한숨 자는 게 어떠니? 약 먹을 시간 되면 깨워 줄게."

"깨어 있는 게 나아요."

잠시 후 아들은 내게 이렇게 말했다. "여기 나랑 같이 있을 필요 없어요. 아빠. 힘들면 말이죠."

"하나도 안 힘들어."

"아뇨. 힘들어지면 억지로 있지 않아도 된다는 얘기예요." 아들은 약간 어지러워하는 것 같았다. 나는 11시에 처방약을 먹인 후 잠시 나가 있었다.

화창하고 추운 날이었다. 땅바닥이 언 진눈깨비로 덮여 있어서 마치 잎이 떨어진 나무들과 덤불, 베어 낸 잡목림, 잔디밭, 텅 빈 땅에 얼음 광택제를 발라 놓은 것 같았다. 나는 잠깐 길 위를 지나 꽁꽁 얼어붙은 개울가를 걸을 생각으로 어린 아이리쉬 세터*를 데려갔지만 반질반질한 표면에 서 있거나 걸어 다니기가 여간 어려운 일이 아니었고 붉은 개도 미끄러워 설설 기어 다녔다. 나는 두 번이나 심하게 넘어졌고, 그러면서 총을 떨어뜨렸다. 총은 얼음 위 저 쪽으로 미끄러지듯 튕겨 나갔다.

---

\* 사냥개로, 벽돌색의 특유한 빛깔로 광택이나 풍채가 뛰어나 애완견으로 인기가 많다.

우리는 튀어나온 잡목림이 있는 높은 점토 제방 아래에 메추라기 무리를 푸드덕 날아오르게 했고 녀석들이 제방 위쪽으로 시야에서 사라질 때쯤 두 마리를 총으로 쐈다. 무리 중 몇몇은 나무에 내려앉았지만 대부분은 덤불 더미 안으로 흩어졌다. 우리는 녀석들이 날아오르기 전에 얼음으로 뒤덮인 덤불 더미로 수차례나 달려들어야 했다. 얼음으로 뒤덮인 습기 찬 덤불에서 아슬아슬하게 균형을 잡고 있는데, 녀석들이 밖으로 불쑥 튀어나오는 바람에 사냥이 힘들어졌고 결국 두 마리만 잡고 다섯 마리는 놓치고 말았다. 하지만 집 근처에서 새 무리를 발견했다는 사실에 다시 기분이 좋아졌고 다음에도 사냥할 새가 많이 남았다는 사실에 행복했다.

집에 돌아오니, 아들이 제 방에 아무도 들어오지 못하게 했다는 이야기를 들었다.

"아빠도 들어오지 마세요." 아들이 말했다. "내가 걸린 병에 옮으면 안 돼요."

나는 아들에게 다가갔다. 내가 방을 나갔을 때와 똑같이 창백한 상태에 있다는 걸 알았지만 열 때문에 볼 위쪽이 벌겋게 달아올라 있었고 아까와 마찬가지로 여전히 침대 발치를 응시하고 있었다.

나는 아들의 체온을 쟀다.

"어때요?"

"100도 정도." 나는 말했다. 정확히 말하면 102.4도였다.

"102도였어요." 그가 말했다.

"누가 그래?"

"의사요."

"이 정도 열은 괜찮아." 나는 말했다. "걱정할 것 없단다."

"걱정 안 해요." 아들이 말했다. "하지만 생각을 멈출 수가 없어요."

"생각 하지 마." 나는 말했다. "그저 마음을 편하게 가져."

"편하게 가지고 있어요." 그는 말하면서 앞쪽을 똑바로 응시했다. 그는 분명 어떤 생각에 빠져 있었다.

"이거 물이랑 먹어라."

"그게 효과가 있을 거라고 생각하세요?"

"물론이지."

나는 앉아서 《해적》 책을 펴고 읽기 시작했다. 하지만 아들이 듣지 않는다는 걸 알 수 있었고 그래서 멈췄다.

"아빠는 내가 언제쯤 죽게 될 것 같아요?" 그가 물었다.

"뭐라고?"

"난 얼마나 살 수 있을까요?"

"넌 안 죽어. 무슨 문제라도 있니?"

"아뇨. 난 죽어요. 의사가 102도라고 하는 소리를 들었어요."

"102도 열에 죽는 사람은 없어. 바보 같은 소리 하긴."

"나도 다 안다고요. 프랑스에서 학교 남자애들이 사람은 44도면 살 수 없다고 말했어요. 근데 나는 102도잖아요."

그는 아침 9시 이후부터 하루 종일 죽기만을 기다리고 있었던 것이다.

"이 딱한 녀석아!" 내가 말했다. "이 딱한 스와츠! 그건 마일과 킬로미터와 똑같은 거야. 넌 죽지 않아. 체온계가 다르단다. 그 체온계에서는 37도가 정상이지. 이런 종류의 체온계에서는 98도가 정상이고."

"진짜요?"

"물론이지." 나는 말했다. "그건 마일과 킬로미터와 같은 거라니까. 우리가 차로 70마일을 달리면 몇 킬로미터가 될까 그런 거야."

"아!" 그가 말했다.

그때까지 침대 발치를 빤히 바라보던 아들의 시선이 천천히 풀어졌다. 매어 있던 생각에서도 마침내 벗어났고 다음 날에는 축 처져 있었다. 그는 전혀 중요하지 않은 사소한 일에도 걸핏하면 울음을 터뜨렸다.

# 도박꾼, 수녀, 그리고 라디오

그들은 한밤중에 실려 왔고, 그 후 복도 쪽 병실 환자들은 러시아
인의 소리를 밤새도록 들었다.

"어디를 맞았대요?" 프레이저 씨가 야간 근무 간호사에게 물
었다.

"허벅지 쪽인 것 같아요."

"다른 한 사람은 어때요?"

"그 사람은 죽을 것 같아요."

"어디를 맞았는데요?"

"복부 쪽에 두 발이요. 총알 한발만 찾아냈어요."

그들은 사탕무 농장 일꾼들로 한 사람은 멕시코인이고 또 한
사람은 러시아인이었다. 두 사람은 밤새 영업하는 식당에 앉아

커피를 마시고 있었는데, 누군가 문을 열고 들어와서 멕시코인을 쏘기 시작했다. 러시아인은 테이블 아래로 기어들어 갔지만, 복부에 두 발을 맞고 바닥에 쓰러진 멕시코인을 겨냥해서 쏜 총알이 빗나가면서 그도 총에 맞고 말았던 것이다. 신문에는 그렇게 쓰여 있었다.

멕시코인은 경찰에게 누가 자신을 쐈는지 모른다고 진술했다. 그는 그것을 사고일 거라고 믿었다.

"이 봐요. 당신한테 여덟 발을 쏴서 두 발을 맞췄는데 사고라고요?"

"씨, 세뇨르!(네, 선생님!)" 카예타노 루이스라는 멕시코인은 말했다.

"그가 날 쏜 건 사고라고요. 카브론!(귀찮아 죽겠네!)." 그는 통역사에게 말했다.

"뭐라는 거요?" 침대 건너편의 통역사를 보며 형사가 물었다.

"사고였다는 대요."

"이제 죽어 가고 있으니 사실대로 말하라고 전해 줘요." 형사가 말했다.

"그러죠." 카예타노가 대답했다. "하지만 너무 아파서 말을 많이 하지 않는 게 좋을 것 같다고 전해 주십쇼."

"자기는 사실을 말하고 있대요." 통역사가 말했다. 그런 다음 형사에게 자신 있게 말했다. "이 사람은 누가 자기를 쐈는지 모릅니다. 뒤에서 쐈으니까요."

"그렇죠." 형사가 말했다. "압니다. 하지만 왜 총알이 모두 앞에서 지나갔을까요?"

"몸을 휙 돌렸나 보죠." 통역사가 말했다.

"잘 들어요." 형사는 카예타노의 코에 거의 닿을 정도로 손가락을 까닥까닥 흔들면서 말했다. 송장 같은 얼굴에 밀랍 빛이 도는 노란 코가 툭 튀어나와 있었고 눈은 매의 눈처럼 살아 있었다. "난 누가 당신을 쐈는지 관심 없소. 다만 이 사건을 깔끔하게 처리해야 한단 말이요. 당신을 쏜 사람이 처벌 받는 걸 원지 않소? 이렇게 전해 줘요." 그는 통역사에게 말했다.

"누가 당신을 쐈는지 말하래요."

"만다로 알 가라호!(그만 좀 하라고 해요!)" 카예타노는 매우 피곤해 하며 말했다.

"그 자를 전혀 보지 못했답니다." 통역사가 말했다. "놈들이 뒤에서 쐈다고 내가 계속 말하잖아요."

"러시아인을 쏜 사람은 누군지 물어 봐요."

"불쌍한 러시아인." 카예타노가 말했다. "그는 팔로 머리를 감싼 채 바닥에 있었어요. 놈들이 그에게 총을 쏘자 비명을 지르기 시작했고 그때부터 계속해서 소리를 질러 대고 있죠. 불쌍한 러시아인."

"자기도 모르는 사람이래요. 어쩌면 그에게 총을 쏜 같은 사람일지도 모르죠."

"잘 들어요." 형사가 말했다. "여긴 시카고가 아니요. 당신은 폭력배가 아니란 말이요. 영화에서처럼 행동할 필요가 없소. 누가 당신에게 총을 쐈는지 말해도 괜찮다고. 누가 자기에게 총을 쐈는지는 다들 말해요. 그렇게 해도 괜찮소. 놈이 누구인지 당신이 말을 안 하다가 그가 다른 누군가를 총으로 쏜다고 해 봅시다. 여자나 아이를 쏜다고 생각해 보쇼. 놈이 그렇게 도망치게 놔둬선 안 돼요. 그에게 전해 줘요." 그는 프레이저 씨에게 말했다. "저 빌어먹을 통역사는 도대체 믿을 수가 없어서."

"난 아주 믿을 만한 사람입니다." 통역사가 말했다. 카예타노는 프레이저 씨를 바라보았다.

"잘 들어요. 아미고(친구)!" 프레이저 씨가 말했다. "경찰은 우리가 시카고에 있는 게 아니라 몬태나의 헤일리에 있다고 말하는군요. 당신은 노상강도가 아니고 이곳은 영화와 전혀 관련이 없답니다."

"난 저 사람 믿어요." 카예타노가 상냥하게 말했다. "얄 로 크레오.(물론이죠.)"

"누구나 자신을 공격한 사람을 당당하게 고발할 수 있어요. 이곳 사람들은 다들 그렇게 한다는군요. 그자가 당신을 쏜 다음 여자나 아이들을 쏘면 어떻게 하느냐는 대요?"

"난 결혼 안 했어요." 카예타노가 대답했다.

"아무 여자나 아이들을 말하는 겁니다."

"그 자는 미치지 않았어요." 카예타노가 말했다.

"형사 말은 그를 고발해야 한대요." 프레이저 씨가 말을 마쳤다.

"감사합니다." 카예타노가 말했다. "당신은 최고의 통역사예요. 나도 영어를 하긴 하는데 형편없죠. 알아듣긴 하지만. 다리는 어쩌다 부러졌어요?"

"말에서 떨어졌어요."

"운이 나빴군요. 정말 안됐네요. 많이 다쳤어요?"

"지금은 괜찮아요. 처음에는 그랬지만."

"내 부탁 좀 들어 주쇼. 친구." 카예타노가 말하기 시작했다. "난 지금 기운이 하나도 없어요. 죄송해요. 게다가 너무 아파요. 무척 고통스럽죠. 이러다 분명 죽을 수도 있어요. 제발 이 형사 좀 여기서 내보내 줘요. 너무 피곤하거든요." 그는 옆으로 돌아눕는 듯하더니 가만히 있었다.

"형사님이 말한 걸 전부 그대로 전했어요. 그런데 진짜로 누가 자신을 쐈는지 모르고 자기가 지금 기운이 하나도 없으니 나중에 질문을 해 달라고 전해 달라는 대요." 프레이저 씨가 말했다.

"나중이면 그가 죽을지도 모릅니다."

"그럴 가능성이 높죠."

"그래서 지금 질문을 하고 싶은 겁니다."

"누군가 뒤에서 그를 쐈다고 말했잖아요." 통역사가 말했다.

"제기랄." 형사가 말했다. 그러더니 수첩을 주머니에 집어넣었다.


복도 바깥에서 형사는 프레이저 씨의 휠체어 옆에 통역사와 함께 서 있었다.

"당신도 누군가 뒤에서 그를 쐈다고 생각하는 거죠?"

"네." 프레이저가 대답했다. "누군가가 뒤에서 쏜 거예요. 근데 그게 어쨌다는 거죠?"

"화내지 마십쇼." 형사가 말했다. "나도 스페인어 좀 했으면 좋겠네."

"배우시지 그래요?"

"화낼 것까진 없잖소. 스페인어로 질문한다고 재미 볼 게 있는 것도 아니고. 스페인어를 할 수 있다면야 상황이 조금은 달라지겠지만."

"형사님은 스페인어를 할 필요가 없어요." 통역사가 말했다. "난 아주 믿을만한 통역사니까요."

"빌어먹을." 형사가 말했다. "그럼 이만. 나중에 올 거니까 또 봅시다."

"감사합니다. 난 언제든 있을 겁니다."

"당신 괜찮겠죠? 정말 운이 나빴어요. 억세게 운이 안 좋았네요."

"뼈를 이어 붙인 후로는 좋아지고 있어요."

"네. 하지만 꽤 걸리잖아요. 꽤 오래 걸리던데."

"누가 당신 뒤에서 총을 쏘게 놔두지 마십쇼."

"맞아요." 그가 말했다. "지당하신 말씀입니다. 당신이 화를 내지 않아서 기쁘네요."

"잘 가요." 프레이저 씨가 말했다.


프레이저 씨는 오랫동안 카예타노를 보지 못했지만 아침마다 세실리아 수녀가 그에 대한 소식을 전해 주었다. 아프다는 말은 하지 않았지만 수녀 말에 따르면 현재 상태가 아주 심각한 모양이었다. 그가 복막염에 걸렸기 때문에 다들 그가 살 수 없을 거라고 생각했다. 불쌍한 카예타노! 그녀가 말했다. 손도 아주 곱고 얼굴도 잘생긴데다 불평도 전혀 하지 않았는데. 이젠 냄새가 정말 지독해졌다. 그는 손가락으로 자기 코를 가리키며 웃으면서 고개를 흔들었다고 그녀는 말했다. 그는 냄새 때문에 기분이 좋지 않았다. 얼마나 민망해 하는지. 세실리아 수녀는 말했다. 아! 그는 그렇게 착한 환자였어요. 미소도 잃지 않았고요. 하나님께 고해를 드리러 가진 않았지만 기도를 하겠다고 약속했죠. 병원에 입원한 후 그를 보러 온 멕시코인은 한 명도 없었어요. 러시아인은 주말에 퇴원할 예정이고. 그 러시아인에게는 아무 느낌도 없어요. 세실리아 수녀는 말했다. 불쌍한 사람, 물론 그 사람도 고통스러워했답니다. 기름이 잔뜩 묻은 더러운 총알이라서 상처가 감염됐지만 소란을 많이 피웠고 그래도 난 그런 중환자들이 좋아요. 카예타노, 그 사람도 중환자죠. 오! 지독히도 심한 중환자, 도저히 손을 쓸 수 없는 중증 환자죠. 무척 가냘프고 연약하게 생겼고 제 손으로 어떤 일도 해 본 적이 없어요. 그는 사탕무 농장 일꾼이 아니에요. 그가 사탕무 농장 일꾼이 아니라는 걸 알아요. 그의 손은 매끈했고 굳은살 하나 없다니까요. 그는 중환자예요. 이제 바로 내려가서 그를 위해 기도하려고요. 불쌍한 카예타노! 그는 끔찍한 시간을 겪으면서도 소란 한 번 피운 적이 없어요. 어째서 그런 사람에게 총을 쏴야 했을까요? 아! 불쌍한 카예타노!

바로 내려가서 그를 위해 기도해야겠어요.

그녀는 즉시 내려가서 그를 위해 기도를 했다.


병원에서는 땅거미가 질 때까지 라디오가 제대로 작동하지
않았다. 땅 속에 광석이 아주 많이 묻혀 있고, 산 주변에도 그런
게 지천으로 깔려 있기 때문이라고들 하는데, 아무튼 밖이 어두
워지기 전에는 라디오가 잘 안 나왔다. 하지만 밤에는 라디오가
아주 잘 나왔고 한 방송국 방송이 끝나면 좀 더 서쪽에 위치한 지
역 방송을 듣곤 했다. 마지막으로 들을 수 있는 방송은 워싱턴 시
애틀 방송이었는데, 시차 때문에 새벽 4시 방송 종료 멘트가 나
올 때, 병원은 새벽 5시였다. 6시에는 미니애폴리스 아침 방송 악
사들의 연주를 들을 수 있었다. 이것 역시 시차 때문이었다. 프레
이저 씨는 악사들이 스튜디오에 도착하는 장면을 떠올리거나 그
들이 새벽에 날이 밝기 전 악기를 들고 전차에서 내리는 모습을
그려보는 걸 좋아했다. 어쩌면 그건 착각인지도 모른다. 그들은
악기를 연주하는 곳에 늘 놔두는데, 악기를 가지고 다닌다고 생
각했을 수도 있으니 말이다. 그는 미니애폴리스에 가 본 적도 없
었고 아마 그곳에 갈 일도 없을 거라고 생각했지만 그곳의 이른
아침 풍경이 어떤지 잘 알고 있었다.

병원 창밖을 내다보면, 회전초들이 눈을 헤치고 자라 있는 들
판과 진흙투성이의 벌거숭이 언덕이 눈앞에 펼쳐졌다. 어느 날
아침, 의사가 프레이저 씨에게 눈밭에 나와 있는 꿩 두 마리를 보
여주겠다고 창문 쪽으로 침대를 끌어당기다가 그만 독서용 스탠

드가 철제 침대 틀에서 떨어지면서 프레이저 씨의 머리를 강타하는 일이 발생했다. 지금이야 그 일이 재미있게 들리지 않지만 당시에는 정말 웃겼다. 사람들은 모두 창밖을 바라보고 있었고 아주 유능한 그 의사가 꿩들을 가리키면서 침대를 창문 쪽으로 끌어당기자, 마치 희극의 한 장면처럼 납으로 만든 스탠드 아랫부분이 프레이저 씨의 머리 위를 강타하면서 바로 뻗어 버리게 했으니. 사람들이 입원하는 이유는 바로 치료 때문인데, 그 치료와는 정반대되는 일이 벌어진 셈이다. 다들 그 일을 아주 재미있어하며 프레이저 씨와 의사를 놀려먹는 용도로 생각했다. 병원에서는 농담을 포함한 모든 게 훨씬 단순했다.

침대를 돌리면, 반대편 창밖을 통해 옅은 안개가 모락모락 피어오르는 개울과 겨울눈이 쌓인 진짜 산처럼 보이는 도슨 산을 볼 수 있었다. 휠체어를 타기에는 아직 무리라는 진단이 있은 후 볼 수 있었던 광경은 그 두 가지였다. 사실 입원해 있을 때는 침대에 누워 있는 것이 가장 좋다. 겨우 두 가지 경치뿐이지만 온도 조절이 가능한 방에서 여유 있게 그것들을 구경하는 편이, 다른 환자를 기다리거나 아니면 그냥 방치된 후덥지근한 빈방에 휠체어를 타고 드나들면서 몇 분 동안 많은 경치들을 보는 것보다 훨씬 낫기 때문이다. 오랫동안 한 방에만 있다 보면, 어떤 경치든 대단한 가치를 지니게 되고 아주 중요해지면서 바꾸고 싶지도 않고 심지어 다른 각도로 볼 생각도 하지 않게 된다. 마치 라디오에서 좋아하는 특정 프로가 생기면 그 프로는 환영하면서 새로운 프로는 몹시 싫어하는 것과 같은 이치다. 그해 겨울, 그들이 가장 좋아했던 곡은 "싱 섬싱 심플"*, "싱송 걸(Singsong Girl)", "리틀 화이트 라이즈(Little White Lies)"였다. 그 외에 다른 곡은 별로라고 프레이저 씨는 생각했다. "베티 코웨드†"라는 곡도 맘에 들긴 했지만 그 가사들의 패러디가 저도 모르게 프레이저 씨에게 떠올랐고, 그 노래를 좋아할 사람이 아무도 없을 정도로 그 곡은 계속해서 점점 외설적으로 변해갔다. 결국 그 곡은 그만 듣고 축구 중계로 돌려버렸다.

아침 아홉시가 되면, 병원에서는 엑스레이 장비를 사용하기 시작했다. 그전까지는 헤일리 방송이라도 나왔지만 그때부터 라디오는 무용지물이 돼 버렸다. 라디오를 가지고 있는 헤일리의 많은 사람들은 자기들의 아침 수신 상태를 엉망으로 만드는 병원의 엑스레이 장비에 대해 항의했고, 사람들이 라디오를 사용하지 않을 때 병원 장비를 사용하지 않는 것에 대해 유감스럽게 생각했지만, 어떤 조치도 취해지지 않았다.

라디오를 꺼야 할 때가 되자, 세실리아 수녀가 들어왔다.

"세실리아 수녀님! 카예타노는 어때요?" 프레이저 씨가 물었다.

"오! 상태가 아주 안 좋아요."

"제정신이 아닌가요?"

"아뇨. 하지만 죽을 것 같아요."

---

* Sing Something Simple: 남녀 혼성 중창단 클리프 애덤스 싱어스가 부른 노래.
† Betty Co-ed: 1931년 루디 발리가 부른 노래.

"괜찮으세요?"

"너무 걱정돼요. 그를 보러 온 사람이 하나도 없다는 거 알고 있나요? 그런 멕시코인들의 걱정 덕분에 그는 개처럼 죽는군요. 진짜 지독한 사람들이야."

"오늘 오후에 경기 중계가 있는데, 올라오셔서 들으실래요?"

"이런, 아뇨." 그녀가 말했다. "너무 흥분할 것 같아서. 예배실에서 기도하고 있을게요."

"이번 중계는 아주 잘 들릴 거예요." 프레이저 씨가 말했다. "해안 지방에서 열리는 시합이고 시차 때문에 늦은 시간에 할 테니까 잘 들릴 겁니다."

"오, 아뇨. 난 안 들을래요. 월드 시리즈를 보면 거의 기진맥진해진다니까요. 아틀레틱스팀이 공격할 때, 나는 큰소리로 기도를 하고 있었어요. '오! 주여. 이들의 선구안을 인도해 주십시오. 오, 주여! 한방 날리게 해주시옵소서. 오, 주여! 무사히 안타를 치게 해주시옵소서!' 그러고 나서 그들이 세 번째 경기에서 만루가 되었을 때, 당신도 알다시피 그건 내게 너무 무리였어요. '오, 주여! 저 선수가 경기장 밖으로 공을 쳐내게 해주시옵소서! 오, 주여! 펜스를 깨끗하게 넘기게 해주시옵소서!' 그러다가 카디널스팀의 공격 차례가 되자, 너무 두려웠어요. '오, 주여! 저들이 공을 보지 못하게 해주시옵소서! 오, 주여! 어렴풋하게라도 볼 수 없게 해 주시옵소서! 오, 주여! 저들이 삼진 아웃이 되게 해주시옵소서!' 그런데 이번 시합은 훨씬 더하죠. 노트르담이잖아요. 우리의 성모 마리아. 안돼요. 전 예배실에 있을게요. 성모 마리아를 위해서. 그들은 우리 성모 마리아를 위해 뛰고 있어요. 난 당신이 언젠가 성모를 위한 글을 썼으면 해요. 당신은 할 수 있어요. 그럴 수 있을 거라는 걸 믿어요. 프레이저 씨."

"난 성모 마리아에 대해 작품을 쓸 만큼 아는 게 없어요. 게다가 이미 거의 다 나왔잖아요." 프레이저 씨가 말했다. "수녀님은 내 글 쓰는 방식을 좋아하지 않을 걸요. 성모께서도 그것에 관심이 없으실 테고."

"언젠가는 그분에 대해 쓰게 될 거예요." 수녀가 말했다. "그렇게 될 거라고 믿어요. 당신은 우리 성모 마리아에 대해 쓰셔야 합니다."

"수녀님! 올라 오셔서 경기를 들으시는 게 좋겠어요."

"그건 내게 너무 무리예요. 안돼요. 예배실에서 내가 할 수 있는 거나 하고 있을게요."

그날 오후, 시합이 5분 정도 진행되고 있을 때, 견습 간호사가 병실로 들어와 이렇게 물었다. "경기가 어떻게 돼 가고 있는지 세실리아 수녀님이 알고 싶으시데요."

"이미 득점했다고 전해 줘요."

잠시 후, 견습 간호사가 다시 병실로 들어왔다.

"선수들이 아주 열심히 경기를 하고 있다고 전해 줘요." 프레이저 씨가 말했다.

조금 후, 그는 벨을 눌러 담당 간호사를 불렀다. "예배실에 직접 내려가시던가 아니면 누군가를 내려 보내 세실리아 수녀님께 말 좀 전해 주시겠어요? 노트르담팀이 1쿼터 마지막에 14대 0

으로 이기고 있으니 맘 놓으시라고요. 수녀님은 기도 그만 하셔
도 됩니다."

몇 분 후, 세실리아 수녀가 병실로 찾아왔다. 그녀는 아주 흥
분한 상태였다. "14대 0이라니 무슨 말이에요? 이 경기에 대해서
는 아는 게 없어서. 야구로 치면, 아주 안전하게 앞서는 점수인
데. 난 풋볼에 대해서는 전혀 몰라요. 그 점수는 아무 의미도 없
을지도 모르잖아요. 다시 예배실로 돌아가서 끝날 때까지 기도
나 해야겠어요."

"노트르담팀이 그들을 이겼어요." 프레이저 씨가 말했다. "장
담해요. 여기 계시면서 저랑 같이 들어요."

"아뇨. 아뇨. 아뇨. 아뇨. 아뇨. 아뇨. 아뇨." 그녀는 말했다. "난
바로 예배실로 내려가서 기도나 할래요."

프레이저 씨는 노트르담팀이 점수를 낼 때마다 소식을 전
했고 마침내 날이 어두워진 지 한참 후에 최종 결과가 나왔다.

"세실리아 수녀님은 뭐하세요?"

"다들 예배실에 계세요." 간호사가 말했다.

다음 날 아침, 세실리아 수녀가 들어왔다. 그녀는 아주 즐거
워하며 자신감이 넘쳐 있었다.

"난 그들이 우리 성모님을 이길 수 없다는 걸 알고 있었어
요." 그녀가 말했다. "이길 수 없다마다요. 카예타노도 좋아졌어
요. 많이 좋아졌어요. 이제 방문객도 올 거예요. 아직까지는 그
들을 만날 수 없지만 방문객이 오면 그의 기분도 더 좋아지게 될
거고 자기 나라 사람들에게 잊히지 않았다는 것도 알게 될 겁니

다. 난 경찰서에 가서 그 오브라이언이라는 남자를 만나 불쌍한 카예타노의 병문안을 위해 멕시코인 몇 명을 보내 달라고 부탁했어요. 오늘 오후에 몇 사람을 보내 줄 거예요. 그럼 불쌍한 카예타노도 기분이 좀 나아지겠죠. 아무도 그를 보러 오지 않는다는 건 너무해요."

그날 오후 5시 경, 멕시코인 세 명이 병실에 찾아왔다.

"들어가도 될까요?" 덩치가 가장 큰 남자가 물었다. 그는 입술이 매우 두툼했고 투실투실 살이 찐 편이었다.

"물론이죠." 프레이저 씨가 대답했다. "앉으세요. 신사 양반들, 뭐 좀 드시겠소?"

"대단히 감사합니다." 몸집이 큰 남자가 말했다.

"감사합니다." 얼굴이 까맣고 체구가 가장 작은 남자가 말했다.

"감사합니다만 괜찮습니다." 마른 남자가 말했다. "취기가 머리로 올라와서 말이죠." 그는 자기 머리를 톡톡 쳤다.

간호사가 잔 몇 개를 가져왔다. "병 째 드려요." 프레이저 씨가 말했다. "레드 로지 산(産)이예요." 그가 설명했다.

"레드 로지 산이 최고죠." 덩치 큰 남자가 말했다. "빅 팀버 산(産)보다 훨씬 낫죠."

"낫다마다요." 가장 왜소한 남자가 말했다. "값도 좀 더 비싸고요."

"레드 로지 산(産) 중에서 제일 비싼 거네요." 덩치 큰 남자가 말했다.

"이 라디오에는 진공관이 몇 개 있나요?" 술을 마시지 않은 남자가 물었다.

"일곱 개요."

"아주 멋지네요." 그가 말했다. "얼마예요?"

"잘 모르겠어요." 프레이저 씨가 대답했다. "빌린 거거든요."

"여러분들은 카예타노의 친구 분들인가요?"

"아뇨." 덩치 큰 남자가 말했다. "그를 다치게 한 사람의 친구들입니다."

"경찰이 우리를 이리로 보내더군요." 가장 왜소한 남자가 말했다.

"우리는 할 일이 좀 있습니다." 덩치 큰 남자가 말했다. "저 사람과 나요." 술을 마시지 않은 남자를 가리키며 말했다. 체구가 작고 까무잡잡한 남자를 가리키면서 "저 사람도 할 일이 좀 있고요."라고 말했다. "경찰이 우리 보러 가 봐야 한다고 해서. 그래서 온 겁니다."

"와 주셔서 정말 기쁩니다."

"마찬가집니다." 덩치 큰 남자가 말했다.

"한 잔 더 하실래요?"

"좋죠." 덩치 큰 남자가 말했다.

"주신다면야." 가장 왜소한 남자가 말했다.

"저는 괜찮습니다." 마른 남자가 말했다. "취기가 머리로 올라와서요."

"맛이 끝내 줍니다." 가장 왜소한 남자가 말했다.

"좀 드시죠?" 프레이저 씨가 마른 남자에게 물었다. "취기가 머리로 좀 올라가면 어때요!"

"그러고 나면 두통이 생기거든요." 마른 남자가 말했다.

"카예타노의 친구들에게 병문안 좀 오라고 전해 주실 수 없나요?" 프레이저가 물었다.

"그에게는 친구가 없습니다."

"누구한테나 친구는 있어요."

"그 사람은 없습니다."

"뭐 하는 사람인데요?"

"도박꾼이죠."

"잘하나요?"

"그런 것 같아요."

"나한테서," 가장 왜소한 남자가 말했다. "180달러를 따갔죠. 이제 세상 어디에도 180달러는 없지만요."

"나한테도," 마른 남자도 한마디 했다. "211달러를 따갔소. 저 얼굴을 잘 봐 두쇼."

"난 저 사람과 게임을 한 적이 없소." 뚱뚱한 남자가 말했다.

"저 사람 틀림없이 돈이 많을 거예요." 프레이저가 넌지시 말했다.

"우리보다 가난해요." 작은 멕시코인이 말했다. "걸치고 있는 셔츠가 다예요."

"게다가 이제 그 셔츠마저 아무짝에도 쓸모없게 됐으니." 프레이저 씨가 말했다. "총알이 관통했잖아요."

"그러네요."

"그를 다치게 한 사람도 도박꾼인가요?"

"아뇨. 사탕무 농장 일꾼이에요. 그 사람은 마을을 떠나야 했죠."

"이거는 기억해 두세요." 가장 왜소한 남자가 말했다. "그 사람은 이 마을 최고의 기타 연주자였어요. 정말 최고죠."

"안됐군요."

"내 생각도 그래요." 덩치 큰 남자가 말했다. "기타를 얼마나 멋들어지게 치는지!"

"그럼 이제 기타 잘 치는 사람은 하나도 없나요?"

"기타 치는 사람 그림자도 찾을 수 없죠."

"아코디언을 좀 켜는 사람은 있습니다." 마른 남자가 말했다.

"여러 악기를 다룰 수 있는 사람이 몇 명 있긴 해요." 덩치 큰 남자가 말했다. "음악 좋아해요?"

"어떻게 안 좋아하겠어요?"

"밤에 한 번 연주하러 올까요? 수녀님이 허락해 주시려나. 아주 상냥한 분 같긴 하던데."

"카예타노가 그걸 들을 수 있다면 분명히 허락하실 겁니다."

"좀 별나신가요?" 마른 남자가 물었다.

"누가요?"

"수녀님요."

"아뇨." 프레이저 씨가 말했다. "수녀님은 아주 지적이고 동정심 많은 좋은 여자 분이세요."

"난 신부나 스님, 수녀들을 다 못 믿어요." 마른 남자가 말했다.

"이 친구, 어렸을 때 안 좋은 경험을 했거든요." 가장 왜소한 남자가 말했다.

"난 복사*였어요." 마른 남자가 자랑스럽게 말했다. "하지만 이젠 아무도 안 믿어요. 미사에도 안 나가죠."

"왜요? 그것도 당신 머리로 올라가나요?"

"아뇨." 마른 남자가 대답했다. "머리로 올라오는 건 취기죠. 종교는 가난한 사람들의 아편이라고요."

"마리화나가 가난한 사람들의 아편인 것 같은데요." 프레이저가 말했다.

"아편을 피워 본 적 있어요?" 덩치 큰 남자가 물었다.

"아뇨."

"나도 없어요." 그가 말했다. "그건 아주 나쁜 것 같아요. 한 번 시작하면 멈출 수가 없으니까. 그야말로 악습이죠."

"종교처럼요." 마른 남자가 말했다.

"이 친구는," 가장 왜소한 멕시코인이 말했다. "아주 강경한 종교 반대론자죠."

"뭔가에 대해 아주 강경하게 반대하는 것도 필요하죠." 프레이저 씨가 점잖게 말했다.

"아무리 무지해도 신념이 있는 사람은 존경합니다." 마른 남자가 말했다.

"훌륭하네요." 프레이저 씨가 말했다.

"뭐 좀 사다 드릴까요?" 덩치 큰 멕시코인이 물었다. "뭐 필요

---

* 천주교에서 미사를 시중드는 사람.

한 거 없어요?"

"맛있는 맥주 좀 사다 주시면 고맙겠네요."

"다음에 맥주 사 올게요."

"가기 전에 한 잔 더 하시겠어요?"

"아주 좋죠."

"우리가 당신 술을 다 뺏어 먹는군요."

"어차피 난 못 마셔요. 그게 머리로 올라가거든요. 그런 다음 극심한 두통이 생기고 메스꺼워지니까요."

"잘 가요. 신사 양반들."

"안녕히 계세요. 그리고 감사합니다."

그들이 가고 저녁 식사 시간이 끝나자, 라디오 소리가 아주 작긴 했지만 여느 때와 같이 계속해서 들렸다. 마침내 방송은 덴버, 솔트레이크 시티, 로스앤젤레스, 시애틀 순으로 끝났다. 프레이저 씨는 라디오를 통해 덴버의 모습을 전혀 알 수 없었다. 대신 〈덴버 포스트〉를 통해 덴버를 접했고 〈로키 마운틴 뉴스〉를 통해 그 모습을 바로잡을 수 있었다. 솔트레이크 시티나 로스앤젤레스 역시 라디오를 통해 듣는 것만으로는 그곳이 어떤 곳인지 전혀 감을 잡을 수가 없었다. 솔트레이크 시티에 대해 그가 느낀 거라고는 깨끗하지만 따분한 곳이라는 것이었고, 로스앤젤레스에 대해 알고 있는 건 아주 많은 대형 호텔들에 아주 많은 무도회장이 있다는 것이었다. 그는 무도회장을 통해 그곳을 느낄 수 없었다. 하지만 시애틀에 대해서는 아주 빠삭했다. 대형 흰 택시를 운영하는 택시 회사(택시마다 라디오가 비치되어 있었다.)

가 있었는데, 그는 밤마다 그 택시를 타고 캐나다 쪽 도로변 식당에 가서 사람들이 전화로 신청한 신청곡으로 파티가 진행되는 과정을 지켜보았다. 그는 매일 밤 2시부터 시애틀에 살았고 각양각색의 사람들이 신청한 음악들을 들었다. 그것은 악사들이 매일 아침 스튜디오에 가려고 잠자리를 나서는 미니애폴리스만큼이나 생생했다. 프레이저 씨는 워싱턴 주의 시애틀을 무척 좋아하게 되었다.

멕시코인들이 맥주를 사 가지고 왔지만 질 좋은 맥주는 아니었다. 프레이저 씨는 그들을 만났지만 이야기를 나누고픈 생각은 없었다. 그들이 떠났을 때, 다시는 오지 않을 거라 생각했다. 그의 신경이 예민해졌고 이런 상태일 때는 사람 만나기도 꺼려졌다. 입원한 지 5주가 다 되어갈 무렵부터 신경이 날카로워졌는데, 기분이 좋을 때는 오랫동안 그 상태를 유지하면서도 이미 답을 알고 있는 똑같은 경험을 강요당하면 화가 치밀었다. 전에 그런 모든 일을 겪었기 때문이다. 그에게 새로운 것은 오직 하나, 라디오뿐이었다. 그는 밤새도록 라디오를 들었는데 거의 들리지 않을 정도로 최대한 작게 틀어 놓았고 무의식적으로 듣는 방법을 터득해 가고 있었다.

그날 아침 10시경, 세실리아 수녀가 병실에 와서 우편물을 전해 주었다. 그녀는 아주 매력적이었다. 프레이저 씨는 그녀를 보면서 그녀 이야기를 듣는 것도 좋아했지만, 왠지 다른 세상에서 온 듯한 우편물은 그것보다 더 소중했다. 하지만 관심을 끄는 우편물은 하나도 없었다.

"많이 좋아 보이네요." 그녀가 말했다. "이제 곧 퇴원하시겠어요."

"네." 프레이저 씨는 대답했다. "수녀님도 오늘 아침은 아주 행복해 보이시네요."

"아, 그래요. 오늘 아침은 제가 성인(聖人)이라도 된 것 같아요."

프레이저 씨는 이 말에 조금 놀랐다.

"맞아요." 세실리아 수녀의 말은 계속 이어졌다. "그게 바로 제가 원하는 거예요. 성인이요. 어렸을 때부터 난 성인이 되고 싶었죠. 어렸을 때는 세상을 버리고 수녀원으로 가면 성인이 되는 줄 알았어요. 그게 내가 되고 싶었던 거고 성인이 되기 위해 해야 한다고 생각했던 일이었죠. 성인이 되기를 기대했죠. 성인이 될 거라고 절대 확신했어요. 잠깐 동안이었지만 내가 성인이라고 생각한 적도 있었답니다. 무척 행복했고 그것은 아주 간단하고 쉬워 보였어요. 아침에 일어나면 성인이 되어 있을 거라 기대했지만 그렇지 않았죠. 내가 성인이었던 적은 한 번도 없었어요. 정말 성인이 되고 싶은데. 내가 원하는 것은 성인이 되는 것뿐이에요. 그게 내가 원하는 전부죠. 그런데 오늘 아침은 내가 성인이 된 것 같은 기분이 드네요. 오! 성인이 되면 얼마나 좋을까!"

"수녀님은 꼭 될 거예요. 누구나 자기가 원하는 걸 얻기 마련이죠. 다들 그렇게 얘기하잖아요."

"이젠 모르겠어요. 어렸을 때는 그게 참 쉬워 보였는데. 난 성인이 될 줄 알았어요. 그런 일이 느닷없이 일어나지 않는다는 걸 알았을 때도 단지 시간이 걸릴 뿐이라고 생각했었죠. 이젠 그게 거의 불가능한 일인 것 같아요."

"제 생각에 수녀님은 충분히 가능성이 있다고 봐요."

"정말 그렇게 생각해요? 아니에요. 단순히 위로받고 싶진 않아요. 날 위로하지 말아요. 난 성인이 되고 싶어요. 정말 성인이 되고 싶어요."

"물론 수녀님은 성인이 될 거예요."프레이저 씨가 말했다.

"아뇨. 아마 안 될 거예요. 하지만, 오! 성인이 될 수 있다면 얼마나 좋을까요! 하늘을 날아갈 것만 같을 거예요."

"수녀님은 3대 1로 성인이 될 겁니다."

"아뇨. 날 위로하지 말아요. 하지만 오! 성인이 될 수만 있다면! 성인이 될 수만 있다면 얼마나 좋을까!"

"당신 친구 카예타노는 어때요?"

"좋아지고 있지만 마비가 왔어요. 총알 하나가 허벅지를 뚫고 중요한 신경을 건드리는 바람에, 그 다리가 마비된 거죠. 그가 움직일 수 있을 정도로 좋아졌을 때 그 사실을 알았대요."

"아마도 그 신경은 되살아날 겁니다."

"저도 그렇게 되길 기도하고 있어요."세실리아 수녀가 말했다. "당신이 그를 만나 줘야겠어요."

"아무도 만나고 싶지 않습니다."

"당신도 그를 만나고 싶어 한다는 거 알아요. 카예타노를 휠체어에 태워 이리로 데려올 수 있어요."

"좋습니다."

그가 휠체어를 타고 병실 안으로 들어왔다. 창백한 피부에 머리는 이발이 필요할 정도로 덥수룩하고 새카맸다. 눈에는 웃음기가 가득했지만 웃을 때 보이는 치아 상태는 안 좋아 보였다.

"안녕하세요! 어떻게 지냈어요?"

"보시다시피." 프레이저 씨가 말했다. "당신은요?"

"살아나긴 했는데 다리에 마비가 와서."

"유감입니다." 프레이저 씨가 말했다. "하지만 신경은 다시 되살아날 테고, 그러면 새것처럼 좋아질 겁니다."

"다들 그렇게 말하더군요."

"통증은 어때요?"

"지금은 괜찮아요. 한동안 배에 통증이 있었는데 미치는 줄 알았어요. 통증만으로도 죽을 수 있겠구나 싶더군요."

세실리아 수녀가 흐뭇한 표정으로 그들을 지켜보고 있었다.

"수녀님이 그러시는데 소란 한 번 피운 적이 없다면서요?" 프레이저 씨가 물었다.

"병동에 사람들이 하도 많다 보니……" 멕시코인이 애원조로 말했다. "당신 통증은 어느 정도예요?"

"심각해요. 하지만 분명 당신만큼 심하지는 않아요. 간호사가 나가면 한두 시간 정도 울죠. 그러다 보면 편해집니다. 이젠 신경이 예민해졌어요."

"라디오 있잖아요. 내 방이 따로 있고 거기다 라디오까지 있다면 나는 밤새도록 울고 소리를 질렀을 텐데."

"그럴 리가요."

"아이고, 정말입니다. 그렇게 하면 건강에도 아주 좋답니다. 하지만 제 병실에는 사람들이 워낙 많아서 그럴 수가 없어요."

"적어도," 프레이저 씨가 말했다. "손은 여전히 말짱하잖아요. 당신은 손으로 먹고 산다고들 하던 대요."

"그리고 머리도." 그는 이마를 톡톡 치면서 말했다. "하지만 머리는 그 정도로 쓸모 있진 않아요."

"당신 나라 사람 세 명이 왔다 갔어요."

"경찰이 보내서 찾아온 거예요."

"맥주도 사왔던데요."

"아마 형편없는 거였겠죠."

"형편없었어요."

"오늘 밤, 경찰이 보낸 그 사람들이 세레나데를 연주하러 온다는데." 그가 큭큭 웃더니 배를 톡톡 두드렸다. "아직 웃으면 안 되는데. 그 사람들 연주, 형편없거든요."

"그리고 당신을 쏜 사람은요?"

"그 자식도 멍청이죠. 카드 게임에서 그 자식한테 38달러를 땄죠. 그 때문에 죽이려고 한 건 아니겠죠."

"세 사람이 그러는데 돈을 많이 땄다면서요."

"그런데도 날짐승들보다 더 가난해요."

"왜요?"

"난 가난한 이상주의자거든요. 망상의 희생자요." 그는 이를 드러내며 활짝 웃더니 배를 두드렸다. "난 전문 도박꾼이지만 도박을 좋아해요. 진짜 도박 말입니다. 쪼그만 도박판은 전부 뒤가 구리죠. 진정한 도박판에서는 운이 필요해요. 그런데 난 운이 없어요."

"전혀 없어요?"

"전혀요. 난 행운이라고는 구경도 못해 본 놈입니다. 보세요. 요번에 나를 쏜 그 성가신 놈 말이에요. 그놈이 총을 쏠 줄 알까요? 아뇨. 처음 쏜 총알은 아무것도 맞추지 못했어요. 두 번째는 불쌍한 러시아인이 가로챘고. 그러고 보니 운이 있는 것도 같긴 하네요. 그런데 무슨 일이 일어났나요? 그놈이 내 배에 두 발을 쐈어요. 운이 튼 놈이죠. 나는 재수가 더럽게 없는 거고. 그놈은 등자를 잡고 총을 쏴도 말 한 마리 못 맞힐 위인이라고요. 전부 운이죠."

"난 그 사람이 당신을 먼저 쏘고 러시아인을 그 다음에 쏜 줄 알았어요."

"아니에요. 러시아인이 먼저고 그 다음이 나예요. 신문이 잘못된 거예요."

"왜 당신은 그를 쏘지 않았죠?"

"난 총을 갖고 다니지 않아요. 이런 운세로 총을 갖고 다니다가는 일 년에 열 번은 교수형 신세가 될 걸요. 난 보잘 것 없는 도박꾼이죠. 그뿐입니다." 그는 말을 잠시 멈췄다가 다시 이야기했다. "난 돈이 생기면 도박을 하고 도박을 하면 잃죠. 3천 달러를 걸고 주사위 게임을 했다가 6이 나와서 망한 적도 있었죠. 맘에 드는 주사위였는데. 한두 번이 아니에요."

"그런데 왜 계속하는 겁니까?"

"오래 살다 보면 운이 바뀌겠죠. 지금까지 15년 동안 운이 나빴으니. 운이 좋아지면 부자가 될 겁니다." 그는 활짝 웃었다. "나는 훌륭한 도박꾼이죠. 정말이지 부자가 되는 걸 즐길 거예요."

"게임에서 전부 운이 없었나요?"

"뭐든지 그랬어요. 여자도 그랬고요." 그가 다시 웃으면서 안좋은 치아를 드러냈다.

"정말요?"

"정말요."

"그럼 할 일이 뭐가 있을까요?"

"계속, 서서히, 운이 바뀌기를 기다리는 거죠."

"하지만 여자는요?"

"도박꾼 중에 여자 운이 있는 사람은 하나도 없어요. 도박에만 너무 열중하니까요. 밤에도 일하잖아요. 여자랑 있어야 할 때말이죠. 여자가 아무리 괜찮아도 밤에 일하는 남자치고 그 여자를 잡을 수 있는 사람은 없답니다."

"철학자시군요."

"아뇨. 소도시의 도박꾼일 뿐입니다. 한 작은 도시, 그리고 다른, 또 다른, 그 다음에는 큰 도시, 그리고 다시 시작하는 거죠.

"그러다가 배에 총이나 맞고 말이죠."

"처음이에요." 그가 말했다. "이런 일은 딱 한 번뿐이었다고요."

"자꾸 말시켜서 피곤하죠?" 프레이저 씨가 넌지시 물었다.

"아뇨." 그가 대답했다. "나야말로 당신을 피곤하게 했네요."

"그런데 다리는?"

"나에게 다리는 별 쓸모가 없어요. 다리는 있어도 그만, 없어도 그만이죠. 돌아다닐 수는 있잖아요."

"진심으로 당신에게 행운이 있기를 바랍니다. 진심입니다." 프레이저 씨가 말했다.

"저도 마찬가집니다." 그가 말했다. "그리고 통증도 없어졌으면 좋겠네요."

"분명히 계속되지는 않을 거예요. 지나가는 중이죠. 별로 중요하지 않아요."

"그럼 빨리 지나가길 바랍니다."

"저도요."


그날 밤, 멕시코인들이 병실에서 아코디언과 그 밖의 다른 악기들을 연주했다. 즐거운 연주회였고 아코디언을 연주할 때의 들숨과 날숨소리, 종과 타악기, 드럼 소리가 복도로 흘러나왔다. 그 병실에는 로데오 기수가 한 명 있었다. 먼지 날리는 무더운 오후에 수많은 관중들이 지켜보는 가운데 미드나이트의 로데오 경기에 출전했던 그였지만 지금은 허리가 부러진 상태고 퇴원할 정도로 상태가 좋아지면 가죽 일이나 등나무 의자 만드는 일을 배울 생각이었다. 비계에서 떨어지는 바람에 양쪽 발목과 손목이 전부 부러진 목수도 있었다. 그는 고양이처럼 사뿐히 떨어졌지만 고양이 같은 탄력은 없었다. 그가 다시 일을 할 수 있도록 병원에서 치료해 줄 순 있겠지만 시간이 꽤 오래 걸릴 것이다. 농장에서 온 열여섯 살 소년도 있었다. 다리가 부러져 병원에 왔는데 잘못 맞추는 바람에 다시 부러질 지경이었다. 소도시 도박꾼으로 다리가 마비된 카예타노 루이스도 있었다. 프레이저 씨는 복도 아래쪽에서 경찰이 보냈다는 멕시코인들의 음악 연주에 사람들이 웃고 떠드는 소리를 들었다. 멕시코인들은 즐거운 시간을 보내고 있었다. 그들은 아주 흥분한 상태로 프레이저 씨를 찾아와 듣고 싶은 곡이 있는지 알고 싶어 했다. 그들은 자발적으로 연주를 하기 위해 밤에 두 번 더 방문했다.

그들의 마지막 연주 날, 프레이저 씨는 문을 연 채로 방에 누워 있으면서 그 시끄럽고 형편없는 연주를 들으면서도 여러 생각들이 꼬리를 물고 이어졌다. 그들이 어떤 연주를 원하는지 알고 싶어 했을 때, 그는 '쿠카라차'를 신청했다. 정신을 잃게 할 만큼 불길한 민첩함과 교묘함이 아주 많은 곡조에 묻어 있었다. 그들의 연주는 요란했지만 감동적이었다. 프레이저 씨 생각에 그 곡은 대다수 비슷한 곡들보다 훨씬 괜찮긴 했지만 느낌은 별반 다르지 않았다.

이런 감정이 끼어드는 데도 불구하고, 프레이저 씨의 생각은 계속 이어졌다. 대개 그는 글을 쓸 때를 제외하고는 가능한 한 생각하는 것을 피했는데, 지금은 연주하고 있는 사람들에 대해, 그리고 왜소한 멕시코인이 한 말에 대해 생각하고 있었다.

종교는 사람들의 아편이다. 그는 성질 더러운 그 조그만 술집 주인 말도 믿었다. 맞아. 음악도 사람들의 아편이다. 머리에 취기가 오른다는 그 친구는 그 생각은 미처 못한 것 같다. 그리고 이탈리아와 독일의 경우 애국심이 사람들의 아편인 것과 마찬가지로, 이제는 경제학도 사람들의 아편이다. 성교는 어떨까? 그것도 사람들에게 아편 같은 존재일까? 어떤 사람들에게는 그럴 것이다. 아주 잘 나가는 사람들 중 몇몇에게는 말이다. 하지만 술이야말로 사람들에게 최상의 아편, 그러니까 완벽한 아편이다. 물론 개중에는 라디오를 더 좋아하는 사람도 있는데, 그것도 사람들에게 있어 또 다른 아편과 같은 존재이며 그가 여태껏 사용하고 있는 값싼 아편이다. 이런 것들과 더불어, 도박 역시 사람들에게 아편과 같은 존재다. 아편이 생겨난 이래 가장 오래된 아편일 것이다. 정부의 새로운 형태에 대한 신념과 더불어 야망도 사람들에게 또 다른 아편이다. 사람들이 원하는 것은 최소한의 정부, 언제나 더 작은 정부였다. 우리가 신봉하는 자유(Liberty)는 이제 맥파든(Macfadden) 출판사에서 펴낸 잡지 이름이 되었다. 아직 자유를 대신할 새로운 이름을 찾진 못했지만 우리는 그것을 신봉한다. 그렇다면 진정한 아편은 과연 무엇일까? 사람들의 진정한, 실질적인 아편은 무엇일까? 그는 그것에 대해 아주 잘 알고 있었다. 저녁에 술 한두 잔을 마시면 생겼다가 그의 맘 속 아주 환한 곳의 모퉁이를 돌아 조금씩 사라져 버리는 그것. 물론 실제로는 없지만 있다고 생각하는 그것. 그것은 무엇일까? 그는 그것을 잘 알고 있었다. 그것은 무엇일까? 물론 빵도 사람들에게 아편이다. 그는 그것을 기억할까? 그리고 그것이 새벽에도 일리가 있을까? 빵은 사람들의 아편이다.

"이 봐요." 프레이저 씨는 간호사가 들어오자 말했다. "그 왜 소하고 마른 멕시코인을 이리로 데려와 주시겠소?"

"음악 어땠어요?" 멕시코인이 문 쪽에서 물었다.

"아주 멋져요."

"그건 역사적인 곡이죠." 멕시코인이 말했다. "진정한 혁명의 노래예요."

"이 봐요." 프레이저 씨가 말했다. "어째서 사람들은 마취제도 없이 수술을 받아야 하죠?"

"잘 모르겠는데요."

"어째서 사람들의 아편이 그다지 도움이 안 되는 걸까요? 당신이라면 사람들에게 어떻게 해주고 싶습니까?"

"무지로부터 구제해야죠."

"말로 안 되는 소리 하지 말아요. 교육은 사람들의 아편입니다. 당신은 그걸 알아야 해요. 교육이라면 당신도 조금 받았잖아요."

"당신은 교육을 믿지 않는군요?"

"그래요." 프레이저 씨가 말했다. "지식은 믿어요."

"이해가 안 되네요."

"사실 내 스스로도 기꺼이 이해되지 않을 때가 여러 번 있으니까요."

"쿠카라차 한 번 더 들려 드릴까요?" 멕시코인이 걱정스런 표정으로 물었다.

"네." 프레이저 씨가 말했다. "쿠카라차를 한 번 더 연주해 주세요. 라디오보다 훨씬 좋더라고요."

혁명은 아편이 아니다. 프레이저 씨는 생각했다. 혁명은 카타르시스이며 폭정에 의해서만 연장될 수 있는 무아경이다. 아편들은 전과 후를 위한 것이다. 그는 충분히, 지나치다 싶을 정도로 충분히 생각하고 있었다.

이제 잠시 후면 저들도 가겠지. 그는 생각했고 저들이 가면 쿠카라차도 사라지겠지. 그런 다음 그는 거인도 쓰러뜨리는 술을 약간 마시고 라디오를 들을 것이다. 소리가 거의 들리지 않도록 라디오를 틀어 놓고서.

# 아버지와 아들

시내 중심가 한복판에 우회 표지판이 자리하고 있었지만 차들이
버젓이 통과하는 바람에, 보수가 끝났다고 생각한, 니콜라스 애
덤스는 시내를 가로질러 벽돌로 포장된 텅 빈 거리로 차를 몰았
고 그러다가 신호등에 걸려 잠시 정차했다. 교통량이 적은 이런
일요일에는 신호등이 간헐적으로 작동하는데, 신호등 운영비를
지불하지 못해 내년에는 이마저도 사라질 예정이었다. 닉은 이
소도시의 울창한 숲속으로 차를 몰고 들어섰다. 이곳이 고향이
며 숲 속을 지나 다녔던 사람들에게는 이곳이 맘속 한 자리를 차
지하고 있겠지만, 외지인들이 보기에는 숲이 너무 울창해서 햇
빛을 차단하고 집 안을 눅눅하게 할 것만 같았다. 마지막 집을 지
나 구불거리는 도로를 곧장 달려가니, 앞쪽에 적토로 만든 제방

이 길을 가르며 깔끔하게 나 있었고 그 양쪽으로 이차림 나무들이 늘어서 있었다. 이곳은 그의 고향이 아니었지만 완연한 가을이라 차를 타고 다니면서 두루 구경하기에 안성맞춤이었다. 목화는 수확되었고 개간지에는 옥수수 밭들이 있었는데, 그중 일부는 붉은 수수 줄기들만 남은 채 베어져 있었다. 아들 녀석은 옆자리에 잠들어 있고 그날 일정도 끝난 데다 밤에 도착하게 될 마을에 대해서도 잘 알아서 닉은 느긋하게 차를 몰며 어떤 옥수수밭에 콩이나 완두콩이 심어져 있는지, 덤불과 벌목한 땅의 상태가 어떤지, 밭이나 덤불과 연결된 오두막과 가옥들이 어디에 있는지 살펴보았다. 그는 마을을 지나가면서 사냥하는 상상도 했는데, 동물들의 먹이나 은신처와 관련해서 각 개간지에 대하여 나름대로의 판단을 내렸고 새떼를 발견할 만한 장소와 날아가는 방향에 대해 곰곰이 생각했다.

메추라기를 사냥할 때는 녀석들과 그들의 평소 은신처 사이에 들어가선 안 된다. 일단 개들이 메추라기를 발견하거나 혹은 녀석들이 푸드덕 날아오를 때 메추라기들은 당신을 향해 몰려올 것이다. 가파르게 솟아오르는 녀석들이 있는가 하면 귀전을 스치듯 지나가는 녀석들도 있을 것이다. 그리고 지나가면서 전혀 알아챌 수 없는 정도의 윙윙 소리를 내며 휙 날아오르는데, 이때 유일한 사냥 방법은 녀석들이 지나갈 때 몸을 돌려 어깨 위로 넘어가는 녀석을 잡는 것이다. 단, 녀석들이 날갯짓을 할 준비를 하고 비스듬히 덤불로 날아가기 전이어야 한다. 아버지가 그에게 가르쳐준 대로 이 마을에서 메추라기 사냥을 했던 니콜라스 애덤스는 아버지 생각이 나기 시작했다. 아버지를 떠올릴 때면 언제나 제일 먼저 눈부터 생각났다. 건장한 체격에 민첩한 몸놀림, 떡 벌어진 어깨에 날카로운 매부리코, 가는 턱을 덮고 있는 턱수염은, 전혀 생각나지 않았다. 언제나 눈만 떠올랐다. 눈은 눈두덩의 보호를 받고 있었다. 마치 아주 귀중한 기관을 위해 특별한 보호 조치가 마련된 듯 깊숙이 박혀 있었다. 아버지의 눈은 보통 사람의 눈이 볼 수 있는 것보다 훨씬 멀리, 그리고 훨씬 빠르게 볼 수 있었는데, 그 눈은 아버지가 받은 최고의 선물이었다. 아버지는 말 그대로 큰 뿔을 가진 수컷 영양이나 독수리 같은 시력을 가졌다.

그는 호숫가 한쪽에 아버지와 함께 앉아 있곤 했다. 당시 닉의 시력도 아주 좋았는데, 아버지가 이런 말을 했다. "사람들이 깃발을 위로 올렸구나." 닉은 깃발은커녕 깃대도 보이지 않았다. "저쪽에," 아버지가 말했다. "너희 누나 도로시가 오는구나. 깃발을 들고 부두로 걸어오고 있네."

닉은 호수를 건너다보았다. 나무들이 길게 늘어선 호숫가, 그 뒤쪽으로 키 큰 나무들이 모여 있는 숲, 만을 둘러싼 갑(岬), 농장의 탁 트인 언덕, 나무들 사이의 흰 오두막들은 잘 보였지만 깃대나 부두는 보이지 않았다. 그저 백사장과 구불구불한 해안선만 보일 뿐이었다.

"갑 쪽 언덕 위에 있는 양이 보이니?"

"네."

녀석들은 회녹색 언덕 위에 있는 흰색 조각 같았다.

"셀 수도 있단다." 아버지가 말했다.

인간의 자격요건을 능가하는 재능을 지닌 사람들이 늘 그렇듯, 아버지 역시 신경이 아주 예민한 편이었다. 게다가 감상적이기까지 했는데, 대부분의 감상적인 사람들처럼 아버지는 비참했고 욕도 많이 먹었다. 게다가 운도 지지리 없었고 모든 게 당신 마음 같지 않았다. 아버지는 덫을 설치하는 걸 조금 거들다가 덫에 걸려 돌아가셨고, 사람들은 아버지가 돌아가시기 전에도 여러 번 그를 배신했다. 감상적인 사람들은 으레 수도 없이 배신을 당하기 마련이다. 닉은 물론 나중에 쓰긴 하겠지만 아직 아버지에 대한 글을 쓰지 못했다. 메추라기 마을에 오자, 어렸을 때의 아버지 모습이 떠올랐고 아버지에게 아주 고마웠던 두 가지도 생각났다. 그건 바로 낚시와 사냥이었다. 아버지의 경우, 가령 섹스에 대해서는 못미더웠지만 이 두 가지에 대해서는 믿을만했고 닉은 그 점에 대해 감사했다. 사냥이나 낚시에 대해 배우려면 누군가 첫 번째 총을 주거나 구해서 사용할 기회를 줘야 하며 사냥감이나 물고기가 있는 곳에서 살아야 했기 때문이다. 이제 서른여덟 살인 그는 처음 아버지를 따라 갔을 때랑 변함없이 사냥과 낚시를 사랑했다. 열정은 전혀 식지 않았고 이런 열정을 알게 해준 아버지에게 대단히 감사할 따름이다.

아버지도 잘은 모르는 또 다른 분야는, 앞으로 가지게 될 모든 자질이 갖춰지고 각자 알아서 터득하는 과정 속에서 어떤 조언 없이도 그것에 대해 알게 된다. 어디 사느냐는 중요치 않다. 그는 아버지가 그 분야에 대해 자신에게 준 단 두 가지의 정보를 아주 생생히 기억했다. 예전에 두 사람이 함께 사냥을 하러 나갔다가, 닉이 솔송나무에 있던 붉은 다람쥐 한 마리를 쏜 적이 있었다. 다람쥐가 상처를 입고 떨어졌는데, 닉이 다람쥐를 들어 올리자 녀석이 닉의 엄지손가락의 봉긋한 살 부분을 물어 버렸다.

"이 더러운 수간자 새끼!" 닉이 소리치면서 다람쥐의 머리를 나무에 내동댕이쳤다. "이 놈이 나를 문 것 좀 보세요."

아버지가 상처를 보면서 말했다. "거기를 깨끗하게 빨아내고 집에 도착하면 소독약을 발라라."

"수간자 새끼!" 닉이 말했다.

"수간자가 뭔지 아니?" 아버지가 그에게 물었다.

"우리는 뭐든 수간자라고 해요." 닉이 대답했다.

"수간자는 동물과 섹스를 하는 사람을 말하는 거야."

"왜요?" 닉이 물었다.

"모르지." 아버지가 말했다. "하지만 그건 악질적인 범죄야."

이 말은 닉의 상상력을 자극하면서 소름이 돋게 만들었다. 여러 동물들이 떠올랐지만 어느 것도 매력적이거나 현실적으로 보이지 않았다. 다른 주제를 제외하곤 그게 아버지에게 전수받은 직접적인 성 지식의 전부였다. 어느 날 아침, 그는 신문에서 엔리코 카루소가 매싱*을 하다 체포됐다는 기사를 읽었다.

"매싱이 뭐예요?"

"그건 아주 악질적인 범죄란다." 아버지가 대답했다. 닉은 유

---

* mashing: mash에는 '으깨다'라는 의미와 더불어 '남녀가 음탕한 소리와 난잡한 행동으로 놀아 대는 짓'이라는 의미도 포함되어 있다.

명한 테너 가수가 담배 갑 안쪽의 안나 헬드 사진처럼 생긴 아름다운 여자에게 감자 으깨는 기구를 가지고 기상천외하고 악질적으로 뭔 짓을 하는 것을 상상했다. 그는 몹시 두렵긴 했지만 어른이 되면 최소한 한 번은 매싱이라는 걸 시도해 봐야겠다고 결심했다.

자위행위를 하면 눈이 멀고 정신이 이상해지다가 결국 죽음에 이르며, 매춘부를 가까이 하는 사람은 끔찍한 성병에 걸리니 다른 사람들에게 손대지 않는 게 상책이라면서 아버지는 모든 문제를 한 번에 정리했다. 하지만 아버지는 여태껏 그가 본 사람 중 가장 예리한 눈을 가졌고 닉은 그런 아버지를 오랫동안 무척 사랑했었다. 이제 모든 걸 이해할 만한 나이가 되면서 상황이 나빠지기 전의 옛 시절을 떠올려 보지만 맘이 편치 않았다. 그가 이런 이야기를 글로 써내려 간다면 털어 버릴 수 있었을 것이다. 그는 글을 통해 많은 일들을 털어 버리곤 했으니까. 하지만 그러기에는 아직 시기상조였다. 아주 많은 사람들이 여전히 살아 있었기 때문이다. 그래서 다른 생각을 해보기로 결심했다. 아버지와 관련해서 생각나는 것은 전혀 없었지만 그 일은 걸핏하면 생각났다. 장의사가 아버지 얼굴에 했던 그 멋진 작업은 그의 뇌리에서 지워지지 않았고 책임감을 포함한 나머지 다른 모든 일들이 생생히 떠올랐다. 그는 장의사를 칭찬했다. 장의사는 뿌듯해 했고 젠체하며 즐거워했다. 하지만 아버지의 마지막 얼굴은 장의사가 만들어 준 것이 아니었다. 장의사는 그저 못미더운 예술가적 솜씨로 약간 멋을 부려 손을 본 것뿐이었다. 그 얼굴은 자체적으로 형성되어 오랫동안 다듬어진 것이다. 그리고 지난 3년 동안 빠르게 형태를 갖춰 나갔다. 물론 이것은 괜찮은 이야깃거리긴 하지만 그 얘기를 쓰기에는 여전히 너무 많은 사람들이 살아 있었다.

닉은 인디언 마을 뒤쪽 솔송나무 숲에서 어린 시절의 문제들을 배우고 익혔다. 이곳은 오두막에서 숲, 농장으로 이어진 오솔길을 지나, 벌채된 빈터에서 인디언 캠프까지 구불구불 이어진 도로를 따라가다 보면 도착하게 된다. 지금도 그 오솔길을 맨발로 걸으면서 느꼈던 기분을 그대로 만끽하고 싶었다. 우선 오두막 뒤쪽 솔송나무 숲속을 지나면 솔잎으로 뒤덮인 옥토가 나타났다. 쓰러진 통나무들이 바스러지면서 나무 가루들이 흩어져 있고 벼락 맞은 나무에는 쪼개진 긴 나뭇가지들이 창처럼 매달려 있었다. 통나무를 타고 개울을 건너다가 떨어지기라도 하면 검은 쓰레기들로 뒤덮인 늪이 당신을 기다리고 있을 것이다. 울타리를 넘어 숲속을 벗어나면, 짧게 벤 풀과 애기수영*, 그리고 뮬런†이 자라는 들판이 펼쳐지고, 그곳을 가로지르면 햇빛을 받아 딱딱해진 오솔길이 나타났다. 왼쪽에는 개울의 습지가, 그 아래에는 물새 떼들이 먹이를 먹고 있었다. 개울 안쪽에는 육류 저장소가 있었다. 헛간 아래쪽에는 갓 만들어 둔 따뜻한 거름이, 다른 쪽에는 윗부분이 말라 굳어 있는 좀 더 오래된 거름이 있었다. 이윽고 울타리 하나가 더 나타나고 헛간에서 육류 저장소까지 뜨겁고 단단한 오솔길이 펼쳐지다가 뜨거운 모래 길이 숲까

---

* 마디풀과에 속하는 다년초.
† 현삼과(科)의 베르바스쿰(Verbascum) 속(屬)의 식물.

지 쭉 이어졌다. 이번에는 다리 위로 개울을 건너고, 거기에는 밤에 작살로 물고기를 잡을 때 등유에 적셔 횃불을 만드는 부들개지들이 자라고 있었다.

왼쪽으로 빠져 숲 언저리를 돌아 언덕 위로 이어지는 간선도로 대신, 진흙과 이판암*으로 된 넓은 길을 따라가니 숲 속으로 들어가는 길이 나오고 시원한 나무 그늘이 나타났다. 인디언들이 벌목한 솔송나무 껍질을 끌고 갈 수 있도록 길이 넓혀져 있었다. 솔송나무 껍질이 무더기로 길게 쌓여 있었고 많은 껍질들을 켜켜이 쌓아 올린 모습이 마치 집처럼 보였다. 나무들을 베어 낸 곳에는 껍질이 벗겨진 커다란 누런 통나무들이 흩어져 있었다. 사람들은 통나무들이 숲속에서 썩도록 내버려 두었고 심지어 우듬지를 치우거나 태우지도 않았다. 보인 시(Boyne City)의 무두질 공장에서 필요한 건 나무껍질뿐이었기 때문이다. 겨울이면 그것을 끌며 언 호수 위를 건너다녔는데, 그래서 매년 숲이 줄어들고 그늘이 없어 뜨겁고, 벌목 때문에 잡초만 무성한 빈터들이 늘어났다.

그러나 예전에는 숲이 훨씬 무성했다. 여러 가지들이 생기기 전에 나무들이 높이 자라는 처녀림인데다 덤불 하나 없이 깨끗하고 폭신폭신하고 갈색인 솔잎 덮인 땅 위를 걸었고, 무더위에도 정말 시원했다. 그들 세 사람은 침대 두 개 길이보다 더 넓은 솔송나무 줄기에 기대앉았는데, 맨 위쪽 높은 곳에서 산들바람이

---

* 얇은 층으로 되어 있어 잘 벗겨지는 퇴적암.

불었고 군데군데 시원한 빛이 들어왔다. 빌리가 말했다.

"또 트루디를 원해?"

"너는?"

"으~응."

"따라 와."

"아니, 여기 있을래."

"하지만 빌리가—"

"난 빌리 신경 안 써. 내 동생이니까."

세 사람이 앉아 있은 지 얼마 후, 맨 꼭대기 나뭇가지에서 검은 다람쥐 소리가 들렸지만, 녀석의 모습은 보이지 않았다. 그들은 녀석이 다시 나무껍질을 벗기기를 기다렸는데, 그럴 때마다 녀석은 꼬리를 휙휙 흔들었고 닉은 모든 움직임이 보이는 곳에서 총을 쏘곤 했다. 그의 아버지는 그와 함께 사냥하러 갈 때면 하루에 총알 3개만 주었고 그는 총신이 아주 긴 단발식 20구경 엽총을 가졌다.

"망할 놈의 자식, 움직이질 않아." 빌리가 말했다.

"쏴. 니키. 한 번 겁을 줘 봐. 녀석이 달아날 거야. 그때 다시 녀석을 쏴." 트루디가 말했다. 그녀가 한 이야기치고는 긴 편이었다.

"총알이 두 개 뿐이야." 닉이 말했다.

"개새끼." 빌리가 말했다.

그들은 나무에 기대 앉아 조용히 있었다. 닉은 공허하면서도 행복한 기분에 젖어 있었다.

"에디가 그러더라. 네 여동생 도로시와 언제 한 번 잘 거라고 말이야."

"뭐야?"

"에디가 그러더라니까." 트루디가 고개를 끄덕였다.

"꼭 그럴 거래." 그녀가 말했다. 에디는 그들의 이복형제로 열일곱 살이었다.

"혹시라도 에디 길비가 밤에 와서 도로시에게 말이라도 걸기만 해봐. 내가 어떻게 할지 너희도 알지? 녀석을 이렇게 죽여 버릴 거야." 닉은 총의 공이치기를 잡아당긴 다음 거의 조준도 하지 않은 채 방아쇠를 마구 당겼고 그 이복 새끼 에디 길비의 머리나 배에 손바닥만 한 큰 구멍을 만들어 줄 생각이었다. "이렇게 말이야. 녀석을 이렇게 죽여 버리겠어."

"그럼 얼씬도 안하는 게 좋겠네." 트루디가 말했다. 그녀는 닉의 주머니에 손을 넣었다.

"녀석 아주 조심해야겠는 걸." 빌리도 한마디 했다.

"그 애는 아주 뺑쟁이야." 트루디가 닉의 주머니를 손으로 탐색하고 있었다. "그래도 죽이지는 마. 너만 고달파질 테니까."

"난 아까처럼 녀석을 죽여 버릴 거야." 닉이 말했다. 에디 길비는 가슴에 총을 맞은 채 나가떨어져 땅바닥에 쓰러져 있었다. 닉은 자랑스럽게 그 위에 발을 얹었다.

"녀석의 머리 가죽을 벗겨 버리겠어." 그는 즐거워하며 말했다.

"안 돼." 트루디가 말했다. "비열해."

"머리 가죽을 벗겨서 그 자식 엄마에게 보낼 거야."

"그 애 엄마는 죽었어." 트루디가 말했다. "그 앨 죽이지는 마. 니키. 날 봐서라도 죽이지 마."

"녀석의 머리 가죽을 벗긴 다음, 개에게 던져 버릴 거야."

빌리는 아주 침울해졌다. "그 녀석 몸조심해야겠는 걸." 그는 우울하게 말했다.

"개들은 그 자식을 갈기갈기 찢어 버리겠지." 닉은 그 모습에 즐거워하며 말했다. 그렇게 그 잡종 배신자의 머리 가죽을 벗긴 다음, 개들이 녀석을 찢어발기는 모습을 얼굴색 하나 변하지 않은 채 서서 지켜보던 그때, 닉이 나무쪽으로 발랑 넘어졌고 트루디가 그의 목 주변을 꽉 잡더니 그의 목을 조르면서 소리쳤다. "그를 죽이지 말라고! 죽이지 마! 죽이지 마! 안 돼. 안 돼. 안 돼. 니키. 니키. 니키!"

"너 왜 그래?"

"그를 죽이지 말라고!"

"죽여 버릴 거야."

"그저 뻥친 것뿐이야."

"알았어." 니키가 말했다. "만약 우리 집 주변에 얼씬도 안한다면 녀석을 죽이지 않을 거야. 이제 놔."

"그거 괜찮네." 트루디가 말했다. "이제 뭐하고 싶어? 다 말해! 이제 기분이 좋아지는데."

"빌리가 가면." 닉은 에디 길비를 죽이려고 하다가 목숨을 살려 주었으니 이제 그는 남자였다.

"저리 가. 빌리. 항상 얼쩡거려. 어서 가."

"제기랄." 빌리가 말했다. "이런 거 딱 질색이야. 우리 왜 온 거야? 사냥하러 온 거야, 뭐야?"

"그럼 총 가져 가. 총알 하나 있어."

"좋네. 큼지막하고 까만 녀석으로 한 마리 잡아야지."

"소리 지른다." 닉이 말했다.


그 후, 한참이 흘렀지만 빌리는 여전히 나타나지 않았다.

"우리에게 아기가 생길 거라고 생각해?" 트루디는 행복한 듯 갈색 다리를 꼰 채로 그의 몸에 비벼댔다. 그의 내면에 있던 뭔가가 멀리 사라졌다.

"아닐 걸." 그가 말했다.

"아무렴 어때. 아기나 많이 만들자."

그들은 빌리가 총 쏘는 소리를 들었다.

"잡았는지 궁금하네."

"신경 쓰지 마." 트루디가 말했다.

빌리가 숲속을 헤치며 돌아왔다. 그는 총을 어깨에 메고 검은 다람쥐의 앞발을 들고 있었다.

"봐 봐." 그가 말했다. "고양이보다 큰 놈이야. 다 끝났어?"

"어디서 잡았니?"

"저쪽에서. 녀석이 뛰어가는 걸 봤지."

"나 집에 가야 돼." 닉이 말했다.

"안 돼." 트루디가 말했다.

"집에 가서 저녁 먹어야지."

"알았어."

"내일도 사냥할까?"

"좋아."

"다람쥐 너 가져."

"괜찮아."

"저녁 먹고 나올래?"

"아니."

"기분 어때?"

"좋아."

"그래."

"내 얼굴에 키스해 줘." 트루디가 말했다.

이제 그는 고속도로를 따라 운전하고 있었고 날은 점점 어두워지는데, 닉은 아버지에 대해 계속 생각하고 있었다. 하지만 하루가 다 끝나 갈 무렵이 되자 아버지 생각이 나지 않았다. 하루가 끝나 갈 무렵은 항상 닉 혼자만의 시간이었고 그때 혼자가 아니면 기분도 좋지 않았다. 다시 아버지 생각이 나는 때는 가을이나 이른 봄 대초원에 꼬마 도요가 있거나 곡식의 볏단이나 호수를 볼 때, 말과 마차를 볼 때, 아니면 야생 거위를 보거나 그 소리를 들었을 때, 그리고 물오리를 잡으려고 잠복하고 있을 때였다. 캔버스 천으로 싼 유인용 새를 공격하기 위해 휘몰아치는 눈발을 헤치며 독수리가 아래로 날아와 캔버스 천에 발톱이 걸린 채 날개를 퍼덕거리며 날아오르던 일도 생각났다. 사람들이 떠나 버린 과수원, 새로 갈아 놓은 밭들, 덤불, 작은 언덕이나 시든 풀밭

을 지나갈 때, 나무를 쪼개거나 물을 퍼 올릴 때, 제분소와 사과
주스 공장, 댐 근처에 있을 때는 불현듯 아버지와 함께 있는 듯한
느낌이 들었다. 덮개 없는 난롯불을 보면 언제나 아버지 생각이
났다. 그가 살았던 마을은 그의 아버지가 알던 마을이 아니었다.
열다섯 살 이후로 그는 아버지와 함께 나눈 것이 하나도 없었다.

아버지는 추운 날이면 턱수염에 서리가 끼었고 더운 날에는
땀을 무척 많이 흘렸다. 그리고 뙤약볕 속에서 농장 일 하는 것을
좋아했다. 그럴 필요는 없었지만 육체노동을 아주 좋아했기 때
문이다. 그러나 닉은 그렇지 않았다. 닉은 아버지를 사랑했지만
아버지의 체취는 질색했다. 한 번은 작아서 못 입는 아버지 속옷
한 벌을 입어야 했던 적이 있었는데, 구역질이 날 것 같아 옷을
벗어 개울가 바위 위에 놔두고는 잃어버렸다고 거짓말을 한 적
도 있었다. 아버지가 억지로 자기 속옷을 입히려고 하자 결국 그
것을 어떻게 했는지 아버지에게 이실직고했지만, 아버지는 깨끗
하게 빤 거라고 했다. 물론 그 속옷 역시 마찬가지였다. 닉이 아
버지에게 옷 냄새를 맡아보라고 했을 때 그의 아버지는 몹시 화
를 내며 냄새를 맡더니 깨끗하고 아무 냄새도 나지 않는다고 우
겼다. 닉은 속옷을 입지 않은 채 낚시를 하고 집에 돌아와서 그것
을 잃어버렸다고 말했다가 거짓말을 했다고 매를 맞기도 했다.

그 후, 그는 권총을 장전하고 공이치기를 잡아당긴 다음 문을
연 채로 장작 헛간 안쪽에 앉아, 칸막이를 친 현관에서 신문을 읽
고 있는 아버지를 건너다보며 생각했다. '나는 아버지를 지옥으
로 날려버릴 수 있어. 죽여 버릴 수 있어.' 그러나 결국 분노가 사

그라지는 것이 느껴졌고 그 총이 아버지가 준 것이라는 사실에 짜증이 좀 났다. 그러고 나면, 그 냄새에서 벗어나기 위해 어둠 속을 걸어 인디언 마을로 향했다. 가족 중 좋아하는 체취를 가진 사람은 딱 한 사람뿐이었다. 바로 여동생이었다. 그 외의 다른 모든 사람들과는 접촉을 피했다. 하지만 담배를 피우기 시작하면서 그런 감각이 무뎌졌다. 다행스런 일이었다. 새 사냥개에게는 그런 감각이 좋을지 모르지만 인간에게는 별 도움이 안 되니까.

"아빠! 어렸을 때 인디언들과 사냥할 때 어땠어요?"

"잘 모르겠다." 닉은 깜짝 놀랐다. 그는 아들이 깨어 있다는 것을 전혀 눈치 채지 못했기 때문이다. 아들은 옆자리에 앉아 그를 보고 있었다. 그는 꽤 외로웠었는데 아들이 계속 그와 함께 있었다. 그가 얼마나 오랫동안 그렇게 있었는지 궁금했다. "우리는 검은 다람쥐를 사냥하려고 하루 종일 돌아다니곤 했단다." 닉이 대답했다. "할아버지는 내게 하루에 총알 3개만 주셨는데, 내게 사냥하는 법을 가르쳐 주긴 하겠지만 아이가 총을 쏘며 돌아다니는 것은 좋지 않다고 말씀하셨다. 나는 빌리 길비라는 사내아이와 그의 누이 트루디와 함께 사냥을 했어. 여름이면 거의 날마다 사냥하러 나가곤 했단다."

"인디언 이름 치고는 재미있네요."

"맞아. 그렇지?" 닉이 말했다.

"어떤 애들이었는지 말해 주세요."

"그 애들은 오지브웨이 족이었어." 닉이 말했다. "아주 착한 애들이었지."

"그 애들과 함께 있으면 어땠어요?"

"말하기 곤란한데." 닉 애덤스가 말했다. 그 누구도 더 잘할 수 없는 것을 그녀가 처음으로 했다는 사실을 어떻게 말할 수 있겠는가! 그리고 포동포동한 갈색 다리와 날씬한 배, 작고 탱탱한 가슴, 단단한 팔, 재빠르게 탐색하는 혀, 납작한 눈, 달콤한 입에 대해 어떻게 언급할 수 있겠는가. 그리고 초조하게, 단단히, 부드럽게, 촉촉하게, 사랑스럽게, 단단하게, 아프게, 완전히, 마침내, 끊임없이, 영원히, 결코 끝나지 않을 것 같다가 갑자기 끝나 버리고……. 숲속에 아침이 찾아오기만 하면 그 큰 새는 황혼녘 부엉이처럼 날아갔고 솔송나무의 솔잎들에 배가 찔렸다는 말을 어찌할 수 있겠는가. 인디언들이 살았던 곳에 가면 그들이 떠나 버렸다는 걸 알아채지만, 비어 있는 진통제 병이나 붕붕 날아다니는 파리로는 스위트그라스* 냄새와 담배 냄새, 그리고 금방 포장된 담비 가죽 같은 다른 냄새들을 없앨 수 없다. 원주민이나 원주민 여자에 대한 그 어떤 농담도 잊게 할 수 없다. 그들의 역겨운 단내도 마찬가지다. 마지막으로 그들이 했던 일도 마찬가지다. 그들은 그런 식으로 끝나지 않는다. 그들의 끝도 마찬가지다. 오래전에는 좋았다. 지금은 아니다.

이제 다른 이야기로 넘어가자. 날아가는 새 한 마리를 쐈다면, 날아가는 새를 전부 쏴 본 거나 다름없다. 녀석들은 생김새도 모두 제각각이고 나는 방식도 다르지만, 총을 쏠 때의 느낌은

* 단맛 있는 사료용 풀, 향모.

똑같고 마지막 느낌은 첫 번째 느낌만큼 좋다. 그는 그것에 대해 아버지께 감사한다.

"넌 그것들을 좋아하지 않을지도 몰라." 닉은 아들에게 말했다. "하지만 네가 좋아할 것만 같구나."

"할아버지도 어렸을 때 그들과 함께 사셨죠?"

"그래. 그들이 어땠냐고 물어봤더니 할아버지는 그들 중에 친구가 많았다고 말씀하셨지."

"언젠가 나도 그들과 같이 지내게 될까요?"

"잘 모르겠구나." 닉이 말했다. "그건 너에게 달려 있지."

"몇 살쯤 되면 총을 가지고 혼자서 사냥을 할 수 있을까요?"

"네게 조심성이 있다는 생각이 들면. 그러니까 열두 살쯤."

"지금이 열두 살이었으면 좋겠어요."

"곧 그렇게 될 거란다."

"할아버지는 어떤 분이셨어요? 그때 내가 프랑스에서 왔을 때 저에게 공기 소총과 성조기를 준 것 빼고는 할아버지에 대한 기억이 없어요. 어떤 분이셨어요?"

"어떻게 말해 줘야 할까. 할아버지는 유능한 사냥꾼이고 낚시꾼이셨지. 게다가 불가사의한 눈을 가지셨단다."

"아빠보다 더 뛰어나셨어요?"

"총도 훨씬 잘 쏘셨고, 할아버지의 아버지 역시 하늘을 나는 새를 맞추는 명사수셨어."

"분명 아빠보단 못하셨을 거예요."

"이런. 할아버지는 훨씬 잘하셨어. 아주 날렵하고 멋지게 총을 쏘셨지. 다른 사람 총 쏘는 걸 보느니 차라리 할아버지를 보는 게 훨씬 나았단다. 할아버지는 항상 내 총 솜씨를 못마땅해 하셨지."

"왜 우리는 할아버지 산소에 기도하러 가지 않아요?"

"우리는 다른 나라에 살잖아. 그리고 여기에서도 멀리 떨어져 있단다."

"프랑스에서는 그런 건 아무 상관없을 텐데. 프랑스에 있다면 우리가 갈 수 있을 텐데. 할아버지 무덤에 기도하러 가야 한다고 생각해요."

"언젠가는 가게 될 거야."

"아빠가 돌아가시면 아빠 무덤에 기도하러 갈 수 있는 곳에 살았으면 좋겠어요."

"그건 우리가 정하면 돼."

"우리가 전부 가기 편한 곳에 묻혀야 한다고 생각하지 않으세요? 우리 다 프랑스에 묻히면 돼요. 그게 좋을 거예요."

"난 프랑스에 묻히고 싶지 않단다." 닉이 말했다.

"그럼, 미국에서 가기 편한 곳을 찾아야겠네요. 우리 모두 목장에 묻힐 순 없나요?"

"그거 좋은 생각이구나."

"그러면 목장으로 가는 길에 할아버지 무덤에 들러 기도할 수 있잖아요."

"아주 그럴 듯한데."

"할아버지 무덤을 한 번도 방문하지 않았다는 게 마음에 걸려요."

"가 봐야지." 닉이 말했다. "가 봐야 하고말고."

# 헤밍웨이 단편소설 선집

초판 1쇄 인쇄 2013년 5월 20일

초판 1쇄 발행 2013년 5월 24일

**지은이** 어니스트 헤밍웨이

**옮긴이** 현혜진

**발행인** 신현부

**발행처** 부북스

**주소** 100-835 서울시 중구 신당2동 432-1628

**전화** 02-2235-6041

**팩스** 02-2253-6042

**이메일** boobooks@naver.com

ISBN 978-89-93785-49-4  04080

ISBN 978-89-93785-07-4  (세트)

이 도서의 국립중앙도서관 출판시도서목록(CIP)은 서지정보유통지원시스템 홈페이지
(http://seoji.nl.go.kr)와 국가자료공동목록시스템(http://www.nl.go.kr/kolisnet)에서
이용하실 수 있습니다. (CIP제어번호 : CIP2013005907)